UMA VIDA NOVA E FELIZ...

RICARDO KOTSCHO

UMA VIDA NOVA E FELIZ...

...sem poder,
sem cargo,
sem carteira assinada,
sem crachá,
sem secretária e
sem sair do Brasil

Ediouro

© 2007 Ricardo Kotscho

Editor associado: A. P. Quartim de Moraes
Coordenação editorial: Márcia Duarte
Projeto gráfico: Vivian Valli
Capa: Ettore Bottini

Dados Internacionais de Catalogação na Publicação (CIP)
(Câmara Brasileira do Livro, SP, Brasil)

Kotscho, Ricardo, 1948-
  Uma vida nova e feliz... : sem poder, sem cargo, sem carteira assinada, sem crachá, sem secretária e sem sair do Brasil / Ricardo Kotscho. – São Paulo : Ediouro, 2007.

Bibliografia.
ISBN 978-85-00-02217-3

1. Crônicas brasileiras 2. Kotscho, Ricardo, 1948- I. Título.

07-8749   CDD- 869.93

Índice para catálogo sistemático:
1. Crônicas : Literatura brasileira 869.93

Todos os direitos desta edição reservados a

Ediouro Publicações S.A.
Rua Nova Jerusalém, 345 – Bonsucesso
Rio de Janeiro – RJ – CEP 21042-235
Tel.: (21) 3882-8200 – Fax: (21) 3882-8212/8313
www.ediouro.com.br

Para Laura, Isabel e André, meus netos

Agradecimentos

Sou muito grato às pessoas que, de diferentes maneiras, me ajudaram nessa trajetória entre a velha e a nova vida: Alberto Parahyba Quartim de Moraes, Alfredo Ribeiro, Ancelmo Góis, Antonio Carlos Cesarino, Ascânio Seleme, Cláudia Cozer, Cleonice Borges, Daniel Feldmann, Fernando Morais, Francisco Paulino Neto, Gilberto Carvalho, Guilherme Vinicius Moreira, Hélio Campos Mello, Luis Erlanger, Luiz Altenfelder, Luiz Norberto Paschoal, Luiz Schwarcz, Mario Prata, Milú Vilela, Raul Bastos, Roberto Benevides, Roberto Kalil Filho, Rodolfo Fernandes, Sergio Valente, Thales Leite e Xico Vargas – além de toda a minha família, é claro.

Sumário

Prefácio, Mario Prata 11

Introdução – Por conta própria 13

❖ 2005 ❖

Moacyr Franco existe 31

Vida nova de pedestre 34

Bons tempos esses 37

A noite de Frei Chico 40

Alô, tia Mirijana? 44

O vento virou 47

Revolução via internet 51

Deu metástase 55

Um outro Brasil 58

Valeu, seu Francisco 62

O drama de Lala e Lula 66

No Brasil de Zé Hamilton 70

Toda segunda-feira 73

A noite da viola e o repórter que ficou de fora.............. 78

Descobrindo São Paulo 83

Bang bang no Spa São Pedro 88

Quatro anos de insanidade 92

Baleias mortas 96

Tantas turmas de amigos 100

Quanta coisa rolou 105

O novo papel dos jornais 110

Resgatando a cidadania...115

A superação de Danuza 118

Por um pouco de paz 122

Reencontros de fim de ano 126

⇸ 2006 ⇷

Leilão de patrono 133

Leitor pede bom senso... 138

E o vento virou de novo... 142

Bem-vinda, Isabel!... 145

Casamento sem noivo.. 149

De volta à escola 154
Abaixo o colunismo 157
Assim morre um brasileiro 161
A Varig não pode morrer 167
Um Oriente Médio aqui mesmo 170
Um brasileiro diferente 175
O novo JB e o museu de cera 178
O dono de jornal que virou repórter 181
A guerra vista de longe 185
De repente, uma trégua geral 188
A freguesa tem sempre razão 191
E se não ganhar? 195
A lembrança de cada um 199
Dura vida de passageiro 203
Velhos órfãos do ouro 206
Se 213

↦ 2007 ↤

Por São Paulo, com carinho 219
Prometo não falar 224
Por um dia sem Lula 227

O batismo do frade voador 230

Breves dias de cadeirante 234

Tudo é uma questão de tempo 237

Até qualquer hora 241

Obras publicadas pelo autor.. 246

PREFÁCIO

O Homem que descobriu o mundo

Mario Prata

E QUANDO EU DIGO QUE DESCOBRIU, é em vários sentidos. Descobriu como? Como jornalista que foi durante quarenta anos (e não se fazem mais repórteres como ele). Tenho que recorrer ao velho e bom *Houaiss* e encontrar a palavra "descobrir". Tá lá o que o Kotscho fez: dar a conhecer alguma coisa a alguém; revelar algo; dar a conhecer alguma coisa até então ignorada; avistar algo em meio a; discernir, divisar, perceber; dar com alguma coisa ou pessoa que se achava escondida; tomar conhecimento de algo; encontrar alguém ou alguma coisa de cuja presença e existência não se suspeitava.

Pois. Durante quarenta anos ele descobriu o mundo para nós, seus leitores, nos melhores jornais e nas melhores revistas do país. Viajou o mundo, farejou o Brasil inteiro, ganhou prêmios. Um repórter completo.

Mas agora, depois de se dedicar a revelar o mundo, deixou as grandes redações e percebeu que era a hora de descobrir a si mesmo e, com isto, entender melhor não apenas a sua rua, o seu bairro, a sua cidade, mas – e principalmente – o país que os seus pais vieram descobrir há várias décadas.

O que você vai ler nas páginas que se seguem é a descoberta do mundo não pelo repórter, mas pelo Homem. Ele anda pelas ruas de São Paulo, conversando com a mulher da padaria, com o moço da banca e seguindo um sujeito que teve um AVC no meio da rua. Não como repórter, mas como Homem, tentando entender as pequenas coisas, as banalidades do dia-a-dia. Invejo você, leitor, que ainda vai ter esse prazer de acompanhar as andanças do Kotscho com os olhos e o coração abertos.

E é caminhando contra o vento sem lenço e sem carteira assinada que ele vai te contando, sempre como quem não quer nada, o que é a vida e o mundo, fazendo uma reportagem para ele (e você) mesmo.

Que bom que o Kotscho foi para casa cuidar dele, da mulher, das filhas e das netas. Cercado dessa mulherada toda – êta gente bonita –, ele escreveu essa porção de pequenos olhares. Como me disse o seu editor – o Quartim – o livro, sem querer, é quase de auto-ajuda.

Pois eu diria que é de alta ajuda. Aprenda com ele. Ele sabe das coisas. Ele acaba de descobrir o mundo. E que mundo bonito, Ricardinho! Te invejo...

INTRODUÇÃO

Por conta própria

— Por onde você anda?

Era essa a pergunta que mais se ouvia no velório do amigo José Roberto Alencar, um desses bons contadores de histórias que fazem da reportagem a sua vida e que, infelizmente, estão rareando nas nossas páginas.

"Zé Grandão", como o chamávamos, morreu em junho de 2007, aos 62 anos, mas havia tempos estava fora das redações da chamada grande imprensa, como a maioria dos repórteres da minha geração. Por isso, cada vez que chegava alguém ao velório no Cemitério São Paulo, lá vinha a mesma pergunta:

— Por onde você anda?

— Eu ando pelas ruas da cidade... – respondeu na lata, arrancando risos no velório, o fleumático Mario Alberto de Almeida, um lorde com hábitos franceses, que há tempos resolveu trabalhar por conta própria.

Joel Silveira, o maior repórter brasileiro de todos os tempos, que morreu dois meses depois de Alencar, aos 88 anos, também estava fora do *"mainstream"* da imprensa. Já nem andava pelas ruas da cidade; trabalhava em casa havia mais de duas décadas.

Quer dizer, somos tantos hoje nessa situação, que nunca se sabe quem escolheu esse caminho ou quem foi simplesmente colocado "de volta ao mercado" – eufemismo para um mercado cada vez menor de empregos formais no meu ramo de atividade.

Como os amigos já não se encontram mais nas redações, e cada um foi ganhar a vida por aí, velórios – e também, claro, festas, lançamentos de livros, estréias de peças – são uma boa oportunidade para atualizar a agenda e saber o que os antigos colegas andam fazendo.

Cada vez encontro mais amigos que vivem sem carteira assinada e não querem nem ouvir falar em voltar a usar um crachá. Nos últimos anos, com a crise financeira enfrentada pelas empresas de mídia, as redações murcharam, é verdade, o número de vagas diminuiu e estimulou-se a terceirização. Mas em muitos casos percebo que não se trata de uma questão de falta de oportunidade para voltar ao mercado formal de trabalho, e sim de uma opção pessoal – uma opção de vida.

Se você pegar o expediente da maioria das revistas nas bancas, não vai encontrar mais do que três ou quatro nomes de jornalistas fixos – os outros todos são "colaboradores". Mino Carta, depois de lançar e dirigir algumas das principais publicações na imprensa brasileira, gosta de dizer que, quando os patrões lhe fecharam as portas, ele foi obrigado a inventar seus próprios empregos, ou seja, criar novas publicações.

Profissionais menos votados e famosos também estão seguindo a mesma trilha. Com o advento da internet, que provocou a proliferação de *sites* e blogs, muitos profissionais criaram seus próprios veículos. Mudou a relação de trabalho. Multiplicaram-se os jornalistas da minha geração que agora trabalham em casa, fazem seus próprios horários e podem se dar ao luxo de trocar os ternos e gravatas por bermudas e chinelos.

"Por que não eu também?", perguntei-me, ao completar quarenta anos de profissão com carteira assinada, sem nunca ter ficado desempregado. De tanto ver meus amigos aderindo ao trabalho autônomo, resolvi correr o risco e adotar o mesmo esquema quando voltei a São Paulo, no final de 2004, depois de trabalhar dois anos no governo federal, em Brasília, como secretário de imprensa e divulgação da Presidência da República.

Como empregado, público ou privado, eu sabia quanto teria de dinheiro no final do mês, além de ter plano de saúde, vaga no estacionamento, férias, décimo terceiro, tíquete restaurante e outras benfeitorias sociais. Estava mal acostumado. Com crise ou sem crise, quem tinha de se preocupar com dinheiro era o patrão que pagava meu salário, não eu, que só queria saber do meu holerite no dia certo.

Tinha um outro problema a considerar: tanto tempo longe do convívio diário com a família, não tinha idéia de como seria a volta. Afinal, passaria pela primeira vez a trabalhar ao lado da minha mulher, a Mara, que uns vinte anos antes já tinha tomado a decisão de demitir as empresas da sua vida e criar a dela. Temia um conflito permanente.

Pois, ao contrário do que imaginava, de como seria se tudo desse errado, não é que deu tudo certo? Nunca nos demos tão bem em mais de trinta anos de casados. Almoçamos e jantamos juntos quase todo dia, dormimos na mesma cama quase todas as noites, e não nos tem faltado trabalho para pagar religiosamente no prazo as nossas contas.

A primeira providência foi comprar um computador e mais um telefone, organizar um local agradável de trabalho e montar a minha própria agenda, já que ninguém mais faria isso por mim. Até que me acostumei bem rápido à nova vida. Verdade que contribuiu bastante para a paz familiar, entremeada apenas por alguns arranca-rabos de costume, o fato de termos alugado um apartamento com bom espaço, após colocar à venda a nossa velha casa perto da USP, onde criamos as filhas. Cada um ficou com seu canto para trabalhar e, à noite, nos encontramos no jantar como se estivéssemos voltando do serviço.

Vocês não podem imaginar como é bom poder acordar sem despertador, tomar um belo banho, fazer a barba com cuidado, encarar um café completo, tudo sem pressa. Depois, ainda com muita calma, sair pelas ruas do bairro para comprar jornal, passear com a mulher, tomar um café, reparar nas vitrines, levar a carta ao correio, passar no banco, comprar a comida do almoço, jogar na mega-sena, e ainda por cima poder fazer tudo isso a pé, antes de encarar o computador para mais um dia de trabalho. Só tem que aprender a se virar sem contínuo nem secretária, andar com as próprias pernas.

Valeu a pena correr o risco. Amanhã, eu não sei como serão as coisas. Mas, por enquanto, está tudo muito bom assim. Não podemos reclamar da vida. Quando me perguntam como estou, respondo sempre "muito bem desempregado".

Em vez de passar o resto da vida batalhando por um salário maior, um emprego melhor, sem tempo para curtir a família e os amigos, descobri que o grande barato é aprender a viver com menos. A gente passa a dar valor a coisas simples como preparar o próprio jantar ou levar um papo com a síndica sobre a reforma do jardim do prédio.

Não tem nada melhor do que ser dono do seu tempo, encontrar na agenda cada vez menos compromissos, em geral agradáveis, poder almoçar e jantar com velhos amigos, entregar um texto que deu prazer de escrever e reescrever várias vezes, fazer uma palestra sobre um assunto interessante que o estimule a pensar e que possa ser útil para os outros.

Carlito Maia, velho amigo que tanta falta faz nestes tempos sem rumos e sem sonhos, costumava dizer que a humanidade se dividia em dois tipos, basicamente: os que vieram ao mundo a serviço e os que vieram a passeio. Levei quase sessenta anos para descobrir que dá para fazer as duas coisas ao mesmo tempo, sem aflição.

Ou por que o leitor acha que Domenico De Masi, o famoso filósofo do ócio criativo, faz mais sucesso no Brasil do que em qualquer outro lugar do mundo, incluindo a sua Itália? Já nem sei se ele vem tanto aqui para ensinar ou para aprender novas técnicas. Encontrei De Masi algumas vezes e o senti feliz por estar aqui. Por que nós também não podemos ser? Há mais de cinco anos não viajo a passeio para fora do Brasil, e nem sinto falta.

Basta baixar um pouco as expectativas e se dar conta de que nem tudo o que a gente acha importante é necessário, nem tudo que parece fundamental é assim tão preciso e urgente. Pena que a gente leve tanto tempo para aprender coisas tão simples.

Quando se vai ver, falta cada vez menos tempo pela frente para usufruir o que a vida tem de melhor: ser feliz com você mesmo e com o que possui, sem depender de nada nem de ninguém, a não ser das poucas pessoas eleitas para entrar na sua agenda.

Se você está bem consigo mesmo, passa a achar as outras pessoas mais interessantes, torna-se mais tolerante até com os chatos irreversíveis e não fica reclamando à toa por qualquer bobagem que o incomoda. Mas é preciso estar sempre atento para não sofrer uma recaída e agir como se ainda fosse o manda-chuva da redação ou o chefe da repartição.

As crônicas deste livro resumem as experiências vividas ao longo dos primeiros trinta meses de uma segunda vida a que me dei direito, escritas do início de 2005 a meados de 2007, quando mantive uma coluna na internet abrigada no *site NoMínimo*, atendendo a um generoso convite de velhos colegas do *Jornal do Brasil*.

No começo, combinei com os editores de escrever sem periodicidade definida, porque pretendia dar prioridade a um livro de memórias (*Do golpe ao Planalto – Uma vida de repórter*, Companhia das Letras, 2006), que planejava escrever havia tempo, por sugestão de estudantes e professores de jornalismo com quem cruzei país afora em centenas de debates e palestras sobre a nossa profissão.

Mas logo me empolguei com o novo ofício, pois era tudo absolutamente novo para mim, em especial a interação com os leitores. Em pouco tempo, a coluna tornou-se fixa, com periodicidade quinzenal e, não demoraria muito, semanal. Já havia escrito antes colunas para vários jornais em diferentes épocas, só que dessa vez não se tratava só de escrever sobre qualquer assunto, dizer o que pensava ou sentia, como se faz nas crônicas, sem preocupação maior com a pauta do dia ou da semana.

O fato de estar fora de uma grande redação me colocou em contato com outra realidade – a da vida real, fora dos gabinetes e das fontes habituais do noticiário. Logo me daria conta de como nós, jornalistas, estávamos escrevendo para nós mesmos, tratando sempre dos mesmos assuntos, cada vez mais distantes dos nossos leitores.

Nem precisei consultar uma pesquisa sobre o perfil dos leitores, como fazem as grandes empresas. Bastava ver a batelada de mensagens que recebia ao escrever sobre assuntos mais prosaicos do cotidiano, em número muito maior do que o registrado ao tratar dos chamados temas "sérios" que freqüentam as manchetes dos jornais.

Por ter saído do governo pouco tempo antes, propus a mim mesmo evitar escrever sobre política. Isso me levou a tratar de temas mais próximos do dia-a-dia das pessoas e, enquanto revisava os textos para este livro, acabei encontrando, meio sem querer, um fio condutor que amarra e dá sentido a essas crônicas.

A liberdade na escolha de onde queremos ir e dos assuntos sobre os quais escreveremos, constatei, depende da liberdade de conduzir a nossa vida, dos lugares aonde pisamos, das pessoas com quem convivemos, do tempo livre de que dispomos. Livre da pauta e dos horários dos outros, pude criar minha própria rotina, mas no começo a gente estranha.

Senti-me tão livre nesta nova fase da vida, que acabei tropeçando na própria liberdade. Sofri três acidentes domésticos sérios neste período, sobre os quais também falo nas crônicas, responsáveis por me doerem alguns pares de ossos até hoje. Vai ver que, quando faltava assunto, eu me descuidava só para ter o que escrever.

O lado bom da história é que Mariana, minha filha mais velha, também jornalista, contribuía para me municiar na entressafra de assuntos, tendo um filho atrás do outro. E poucas coisas me fazem tão feliz hoje como poder ir a pé pegar a Laura e a Isabel na escolinha e levá-las na casa delas, ali pertinho, para ver como está crescendo o André, nosso neto caçula. Quando minhas meninas, a Mariana e a Carolina, uma bem-sucedida profissional multimídia, eram pequenas, nunca tive tempo para isso.

Ao procurar sempre alguma história, digamos, mais amena e, se possível, agradável para contar, no meio de tanta notícia ruim, acabei encontrando um outro país, sem sair do Brasil. Contribuiu muito para isso o fato de ir a diferentes pontos do país no meu roteiro de palestras e debates, fora do eixo Brasília–Rio–São Paulo, sem uma agenda muito rígida, o que me permitia conversar sem pressa e aprender a ouvir com atenção. Com isso, podia tratar em cada coluna de assuntos, lugares e personagens diferentes, que estão fora da grande imprensa.

Podia ser em Mossoró, no sertão do Rio Grande do Norte, onde encontrei os "xeiques do petróleo", ou durante as filmagens de um documentário sobre o garimpo de Serra Pelada, na selva amazônica, onde reencontrei o personagem de uma reportagem feita vinte anos atrás. Eu simplesmente me dava o direito de me deixar surpreender pelos fatos, em lugar de correr atrás deles, como sempre fiz na minha vida de repórter.

Às vezes, nem é preciso ir tão longe. Um bom tema para escrever podemos encontrar sem sair de casa, na rua onde moramos, no mercado ou no parque, na própria cidade. A vantagem é que esses assuntos não são datados e, por isso, sobrevivem ao noticiário, quase sempre trágico, do dia-a-dia.

Confesso que, ao reler o material selecionado para este livro, não me lembrava da maioria das colunas, dos tantos lugares por onde andei e das pessoas do Brasil anônimo que conheci. Parecia que o estava lendo pela primeira vez. Até me emocionei novamente ao ler o texto sobre a tia Mirijana Kocho (ela assina assim mesmo), meia irmã de meu pai, que vive nos Estados Unidos, e cuja existência somente fui descobrir em 2005, ao receber uma carta dela na casa de praia em São Sebastião, no litoral norte paulista.

Só aí me dei conta da verdadeira revolução perpetrada pela internet nas relações humanas, em geral, e na minha área de trabalho, em particular, certamente a maior desde a descoberta da imprensa por Gutemberg, já faz mais de cinco séculos. Quantas outras famílias separadas pelas guerras ou pela distância, como a minha, não terão se reencontrado da mesma forma, pesquisando na internet, até achar o parente que procuravam?

Se, de um lado, me dispus a evitar temas das áreas consideradas mais nobres no noticiário – a política e a economia –, dos quais tratavam meus colegas de *site*, de outro, não consegui escapar da permanente discussão sobre os rumos da reportagem e do jornalismo pós-internet, algo de interesse, imagino, não só de quem vive desse ofício, mas de toda a sociedade.

Já se falou muito que vivemos hoje na Era da Informação, mas as mudanças são tão rápidas e profundas que levaremos ainda um bom tempo para entender o que está acontecendo e aonde isso vai nos levar.

Afinal, a mesma internet que nos faz encontrar tias distantes ocupa um tempo cada vez maior das pessoas e as acaba afastando justamente do convívio com os mais próximos, mudando nossos hábitos e rotinas. Nos dias em que escrevo esta apresentação, foi divulgada pelo jornal *O Globo* uma pesquisa do Centro de Integração Empresa–Escola (CIEE) sobre como a internet está interferindo na vida dos jovens cariocas:

- 43% dos entrevistados ficam navegando na internet de duas a sete horas diárias
- 24% deixaram de praticar esportes para ficar na internet
- 20% sacrificam o sono
- 16% deixaram de ler

O que será desses jovens quando tiverem a minha idade? Que sonhos ainda terão? Vão virar todos internautas obesos, insones e iletrados? Quando eles decidirem começar de novo, farão o quê?

O maior risco de quem trabalha em casa é justamente se viciar na internet. Pesquisas recentes mostram que o número de navegadores compulsivos já beira 20% dos usuários, o mesmo índice de viciados em cigarro no Brasil. O pior é a curva dos índices nas pesquisas: enquanto a dos viciados em internet sobe assustadoramente, a de fumantes vem caindo.

De outro lado, a mesma internet que democratiza e globaliza *on-line* o fluxo de informações, tornando-nos todos ao mesmo tempo emissores e receptores, cria uma terra sem lei em que se pode destruir a reputação de pessoas, empresas ou governos sem qualquer chance de defesa. A mesma internet que liberta, permitindo-nos trabalhar em qualquer lugar do mundo onde estejamos e continuar plugados na realidade, é a internet que escraviza e nos afasta de muitas coisas boas da vida.

Nas minhas primeiras semanas como jornalista de internet, cheguei a ficar assustado com a grosseria e virulência de alguns leitores, e não só dos comentários que eu mesmo recebia, por conta de ter trabalhado no governo, mas também daqueles publicados em *sites* e blogs de colegas. O que poderia ser um belo instrumento para promover o entendimento entre os homens corre o risco de virar uma nova arma fora de controle. Quaisquer instrumentos, como sabemos, seja uma foice ou a televisão, não são bons ou maus em si mesmos. Tudo dependerá do uso que fizermos deles.

No começo de 2006, como registro na coluna "Bom senso", o *Washington Post* simplesmente fechou a seção de comentários de um dos seus blogs, "em razão dos muitos comentários com ataques pessoais, ofensas e palavrões dirigidos a Deborah Howell, *ombudsman* do jornal".

Tudo na vida tem o lado bom e o lado ruim, com exceção, é claro, dos discos de certos cantores (sou do tempo pré-CD em que os discos tinham dois lados). Quando, por exemplo, escrevi a coluna sobre um amigo cronicamente desempregado, oito leitores se manifestaram dispondo-se a ajudá-lo a arrumar trabalho. Outros mais de cem, por sua vez, escreveram para contar que viviam drama semelhante – o que, se não iria resolver o problema deles, ao menos lhes dava o consolo de não estarem sozinhos naquela situação.

Óbvio que sempre corremos riscos ao ousar o desconhecido, trocando de um dia para o outro a segurança de uma vida estabelecida pela agenda em branco. Nesse ponto, porém, nem posso reclamar. Em pouco tempo, sem sair de casa, só no telefone, minha agenda voltou a ficar carregada de compromissos, com a única diferença de que agora quem faz minha agenda sou só eu, não os outros.

Quando me dei conta, além de escrever o livro e a coluna, já estava trabalhando para uma agência de publicidade, uma ONG dedicada ao trabalho voluntário e uma emissora de televisão, sem falar dos vários conselhos de que participo (sem ganhar nada) e das palestras que se multiplicaram (a maior parte das vezes também sem remuneração).

É bom saber também, para quem sonha em dar uma guinada no destino, que, com essa história de viver sem carteira assinada, muitas vezes você trabalha até mais do que como empregado, e acaba passando muitos finais de semana e madrugadas no computador para entregar as encomendas a tempo. Apenas, em lugar de chefes e patrões, você passa a ter clientes, que também te cobram prazos. Férias prolongadas, então, melhor nem programar. Como fazer para pagar as contas no mês seguinte?

Também é preciso aprender a escrever com os netos passando no meio das suas pernas, arrancando os fios da tomada, ou se acostumar a ouvir os gritos da mulher te chamando na cozinha porque a água do macarrão já está fervendo, com os dois telefones e o interfone tocando todos ao mesmo tempo. Mas que é bom, é, posso garantir. O perigo é você virar o tal do "Jaques": "Já que *ce tá* aí mesmo, sem fazer nada, por que não vai ao banco pagar aquela conta?"

Ao final de uma coluna, nem me lembro a propósito de quê, constatei o óbvio do ofício de qualquer cronista: "Na próxima semana, não tenho a menor idéia sobre o que vou escrever. Prefiro assim". Na semana seguinte, sem que eu pudesse prever, morreu, aos 18 anos, uma velha gata que tínhamos em casa, a Quinca, que, naturalmente, virou tema da coluna. Sei que não se trata de nada muito original, pois uma das melhores crônicas já escritas pelo mestre Carlos Heitor Cony foi exatamente sobre a morte da gata dele, a Mila. Mas a morte da minha Quinca também bateu o recorde de mensagens dos leitores.

O pano de fundo do cenário nacional no período sobre o qual escrevi variou entre a chamada crise do mensalão, em 2005, e a campanha eleitoral de 2006, com uma Copa do Mundo no meio, o país vivendo na gangorra das crises políticas e do crescimento econômico com melhora dos indicadores sociais.

Analistas políticos e *ólogos* em geral logo identificaram um país dividido ao meio, entre os cultos e ricos do Sul, e os pobres e ignorantes do Norte, para eles os culpados pela reeleição de Lula. O governo acabou acirrando essa divisão ao eleger a elite e a mídia como seu principal inimigo, já que a oposição convencional parece ter tirado o time de campo. Certos setores da imprensa e alguns colunistas, por sua vez, acabaram assumindo mesmo esse papel. Lamento muito essa situação, que não é boa para o país, e entre outros motivos porque tenho bons amigos dos dois lados.

Sem sinais de trégua nessa guerra, pairavam sobre o país as nuvens negras de um clima de beligerância permanente, que adentrou 2007 e não tem previsão de acabar. Há um misterioso ingrediente masoquista na história brasileira, que ciclicamente se repete: quando a gente pensa que o país acertou o rumo, que vai dar certo, vem uma nova crise, e mais outra, e aí voltamos à estaca zero de um entendimento nacional que nos permita viver e trabalhar em paz, só isso.

Mas eu preferia tratar de outros assuntos, até para não perder o bom humor. Na luta para não deixar a peteca cair, fui obrigado a recorrer algumas vezes a histórias antigas, remexendo no meu baú de repórter, que garimpava sua matéria-prima na rua naqueles tempos em que ainda não havia internet nem celular. Curioso é que sempre que saia de São Paulo para fazer palestras em lugares distantes dos grandes centros voltava mais animado com a vida, trazendo boas novidades para contar.

A vontade de sair um pouco dessa minha cômoda rotina de palestrante e jornalista de internet me levou, em meados de 2006, junto com o repórter fotográfico Hélio Campos Mello, parceiro de velhos carnavais, a partir para uma nova aventura. Acertamos com o jornal *O Globo* uma série de reportagens sobre cenas brasileiras, páginas duplas publicadas no primeiro domingo de cada mês, e revendidas para outros jornais.

Seria a nossa volta ao que mais gostamos de fazer, as grandes reportagens, mas durou pouco. O jornal não conseguiu patrocínio para bancar a série e o nosso salário, e o que ganhávamos como "frilas" mal dava para pagar o condomínio.

Estava tão pouco habituado às novas regras das redações que os amigos do *Globo* levaram um susto quando receberam minha primeira matéria. Também, não era para menos: o texto tinha mais de quarenta mil caracteres, o que ocuparia quatro páginas de jornal, sem deixar brechas para as fotos do Hélio – a quem eu pedi, coitado, para fazer o corte necessário. Para quem não é do ramo, devo esclarecer que dá mais trabalho cortar do que escrever um texto.

Nas viagens que fizemos pelo *Globo* a Redenção, no Ceará, primeira cidade a libertar os escravos, cinco anos antes do resto do país, a Massaranduba, em Santa Catarina, terra dos colonos-operários que trabalham nas fábricas sem abandonar suas lavouras, e a Santa Cruz de Minas, em Minas Gerais, o menor município brasileiro, começamos a fazer planos para criarmos nós mesmos uma nova revista mensal de reportagens, que iria para as bancas um ano depois, com o nome de *Brasileiros*. Se era mesmo para ganhar pouco, por que não arriscar?

Precisamos sempre ter um plano, um projeto na vida, que é o que nos move e faz adiar os achaques da velhice. No dia em que chegamos a Massaranduba, na belíssima região germânica de Blumenau, nossos celulares não paravam de tocar. Eram nossas mulheres apavoradas com os ataques do PCC em São Paulo, enquanto nós cruzávamos aquela plácida paisagem – dois mundos absolutamente distintos, vivendo o mesmo dia, no mesmo país.

Dias depois, já em São Paulo, não encontrei nenhum sinal da guerra que paralisou a cidade, o que me levou a escrever no final da crônica chamada "De repente, uma trégua geral", algo em que havia tempos vinha pensando:

> O fato de eu ficar preocupado com a subida do nível das águas não vai mudar o curso do rio que corre para o mar nem evitará a enchente. Com o tempo, só com o tempo a gente vai aprendendo essas coisas simples que ajudam a tornar a vida mais leve. Depois de um tempo de guerra, é sempre assim, vem essa repentina sensação de paz que a gente até estranha, não sabe quanto tempo dura, mas é muito boa.

Com o lançamento daquele meu livro de memórias por todo o país, no segundo semestre de 2006, as viagens se multiplicaram. Cheguei a me lembrar dos tempos das campanhas presidenciais de Lula, desde 1989, em que, de tanto rodar, às vezes acordava num lugar e não sabia direito onde estava nem o que fui fazer lá. Estive em mais de quarenta cidades em todas as regiões do país e voltei da maratona de lançamentos com a sensação de que a vida das pessoas estava melhorando, não só a minha.

Achei até bom quando me avisaram que a partir de agosto a coluna passaria a ser mensal porque o patrocinador tinha cortado a verba do *site*. Já não estava dando conta dos compromissos que havia assumido e, como não era mais um garoto, sentia-me mesmo no bagaço, com o joelho parecendo uma melancia de tanto me apertar nos aviões – tema, claro, de outra coluna.

Mas fiquei muito triste quando todos os colunistas recebemos o aviso prévio um ano depois. A 1º de agosto, seria publicada a nota de falecimento do *NoMínimo*, um dos lugares onde mais gostei de trabalhar e, além de tudo, ainda me garantia o aluguel. O *site* era sucesso de público e crítica, mas haviam mudado os controladores da empresa patrocinadora, que simplesmente resolveu desligar os fios do nosso ganha-pão, depois de ir cortando a água aos poucos.

Na minha coluna de despedida, publicada no final deste livro, reproduzi um texto anônimo que tinha recebido por aqueles dias e que, numa palavra mágica, resume bem o que sinto hoje, às vésperas de me tornar um sexagenário, contrariando todos os prognósticos de amigos e familiares, que não botavam muita fé na minha longevidade. Esta palavra mágica é "desapego", que é o que sinto hoje em relação a quase tudo, fora a família e os amigos.

Por sorte, na mesma época já estava trabalhando no lançamento da *Brasileiros*, uma revista sem chefe e sem patrão feita só por repórteres, algo com que os jornalistas da "geração 68" sempre sonhamos na vida. Um deles, o velho amigo Alberto Parahyba Quartim de Moraes, que é o editor deste livro, resgatou estas crônicas para que elas não desaparecessem nas ondas da internet.

Ouso dizer que cheguei à conclusão, sem falsa modéstia, de que este é o meu melhor livro, porque foi escrito sem nenhuma pretensão de vê-lo impresso. Posso dizer isso com muita segurança, porque acho que sou o único que já leu todos os outros para poder comparar...

Espero que o leitor também possa sentir ao ler o mesmo prazer que eu senti ao escrever as páginas a seguir.

⇾ 2005 ⇽

25 de fevereiro de 2005

Moacyr Franco existe

PENSEI QUE FOSSE TROTE. Semana passada, estava bem cedo perto do telefone, esperando a ligação da produtora da CBN de Curitiba, que havia me pedido, na véspera, uma entrevista sobre o Dia do Repórter. Atendi, mas não era da CBN. Ainda demorei algum tempo para ter certeza de que era ele mesmo, Moacyr Franco, o cantor, me convidando para assistir ao seu show de lançamento de um disco.

Já achei fantástico o próprio artista ficar ligando para montar a platéia do seu espetáculo. Mais ainda quando descobri que nenhum dos jornais de São Paulo tinha publicado uma mísera nota sobre o show. Na fachada do teatro, nenhum cartaz, nada que indicasse a presença do dito-cujo. Será que eu era o único convidado? E, no entanto, lá dentro do velho teatro São Pedro da Barra Funda, na hora marcada, a platéia estava lotada. Minha mulher e eu ficamos contentes: estávamos entre os mais jovens naquele público muito animado, que não parava de falar, a maioria formada por senhoras de cabelos brancos.

Para quem não se lembra, Moacyr Franco, cantor, *showman* e humorista, era campeão de venda de discos e de audiência na extinta TV Excelsior, que era nos anos 1960 o que a TV Globo é hoje. Foi uma das primeiras celebridades que entrevistei quando eu estava começando a trabalhar como repórter num jornal de bairro de São Paulo, a *Gazeta de Santo Amaro*.

Depois disso, nunca mais o vi fora da televisão, até o dia em que, já em meados dos anos 1980, fui escalado pela *Folha* para cobrir um comício do Jânio Quadros, candidato à Prefeitura de São Paulo, em Sapopemba. A única atração do comício apinhado de gente, além do Jânio, era Moacyr Franco, que ainda se mostrava capaz de reunir muitos fãs naquela periferia pobre de São Paulo.

Fora da grande mídia e das paradas de sucesso, ele tinha acabado de viver uma experiência não muito feliz, amarga mesmo, como deputado federal em Brasília. Saiu de lá literalmente quebrado, nos seus sonhos e também no bolso. Era do PTB, o mesmo partido de Jânio – por isso estava lá, em Sapopemba. Sem convites para voltar ao *showbiz*, ele me contou que pegou uma Caravan velha e foi se apresentar em circos do interior na base do *fifty-fifty*, acertado com os donos da lona – o que não dava muito, já que as platéias eram minguadas. Sobreviveu dois anos assim.

Mais umas duas décadas depois, fui reencontrá-lo no Palácio do Planalto, quando eu trabalhava como secretário de imprensa do presidente Lula. "O Moacyr Franco está aí, quer falar com você. Está junto com um primo do Suplicy", comunicou-me a secretária, ela mesma estranhando a inesperada visita.

Os dois queriam apresentar um projeto ao governo, assunto que não era comigo, mas ficamos ali na sala conversando, até que ele começou a cantar velhos sucessos – "Doce amargura", "Suave é a noite", "Balada para um louco" –, os mesmos que apresentou no show do São Pedro. E saiu cantando pelos corredores, como faz artista em começo de carreira, que não escolhe platéia.

Aos 68 anos, com mulher nova e filho pequeno, continua compondo, cantando, contando piadas, fazendo seus shows em qualquer palco ou picadeiro que apareça pela frente. O novo disco tem o sugestivo título de *Se me deixarem viver*. São onze composições só dele e uma em parceria com Alberto Luiz. Não tem gravadora. Foi uma produção independente, assim como o show do São Pedro, onde ele bancou até a excelente banda que o acompanhou.

Gosto não se discute. Eu, por exemplo, acho o Moacyr um dos maiores cantores românticos da minha geração, um *chansonnier* brasileiro como não se faz mais.

No fim do show, era difícil saber quem estava mais feliz com a noitada: se o cantor-anfitrião, que bancou também o coquetel de champanhe e guaraná, ou os amigos da platéia que lembraram de velhos bons tempos e riram com algumas antigas piadas e composições novas – uma delas é "Tudo vira bosta", que a Rita Lee gravou e virou tema do personagem de José Wilker na novela *Senhora do destino*.

Pois é, Moacyr Franco, apesar de solenemente ignorado pela nossa grande mídia, ainda existe, se diverte e diverte sua fiel platéia.

9 de março de 2005

Vida nova de pedestre

— A FILA COMEÇA AQUI?

A gentil senhora, muito elegante com seus cabelos brancos, olhou bem para mim e respondeu com solidária bonomia, na lata:

— Aqui é a fila dos idosos. Mas se o senhor quiser... pode ficar aí mesmo...

Agradeci, e fiquei. Porque, àquela altura da vida, diante da enorme fila de hora do almoço na agência dos Correios, na rua Estados Unidos, nos Jardins — quando quase todos os funcionários vão almoçar na mesma hora, e vira a maior zona —, melhor seria deixar a vaidade besta de lado e aceitar a sugestão.

Detesto fazer essas coisas, de passar na frente dos outros, e achava até então que ainda não tinha idade para merecer lugar na fila dos idosos. Mas como ninguém na fila reclamou, nem o moço do guichê que me atendeu, convenci-me de que estava, sim, no meu direito — e dane-se o mundo.

Agora que voltei a andar a pé, e a freqüentar as filas dos Correios, dos bancos, dos supermercados, das padarias, das farmácias, do INSS e todas as outras que o progresso e a superpopulação da metrópole criaram, estou descobrindo coisas novas, além da minha recém-condição de idoso.

Explico: depois de dois anos em Brasília, só *andando* de carro, avião ou helicóptero, via a vida de um jeito – meio de longe, digamos assim. Ao voltar para São Paulo e mudar para o cosmopolita Jardim Paulista, depois de trinta anos vivendo ao lado da Cidade Universitária, um lugar meio ermo, passei a deixar o carro na garagem e a fazer tudo a pé – e comecei a ver a vida de outro jeito.

É muito melhor, mais divertido. Você conhece um monte de gente; a cada dia depara com uma novidade. Fica sabendo o que as pessoas estão pensando, com o que estão preocupadas, se vai chover ou não, como anda o futebol, das mais recentes modalidades de assaltos em prédios, do barzinho novo que abriu, qual o melhor café ou chope do pedaço, do flagrante do Chico Buarque namorando na praia, do buraco na rua que ninguém fecha, quem morreu, quem nasceu, essas coisas.

E eu garanto: o que ouvi por estes dias andando pelas ruas em volta do meu novo endereço não tem nada a ver com o que ouvia em Brasília, nos gabinetes da praça dos Três Poderes ou nos jantares com meus colegas de governo ou jornalistas, sempre nos mesmos restaurantes, sempre os mesmos papos.

Não ouvi mais ninguém falar da famigerada "eleição da Mesa da Câmara", das parcerias público-privadas, dos embates entre governo e oposição, das crises na base aliada e das futricas na Esplanada dos Ministérios, da política de juros ou da reforma ministerial. Juro: nenhum comentário que ouvi na minha nova vida de pedestre era sobre estes assuntos que sempre assolam o noticiário.

Descobri também que tem cada vez mais gente andando a pé na cidade. Por falta de dinheiro para a condução ou por não suportar mais dirigir no trânsito sempre engarrafado, o fato é que São Paulo passou a ter congestionamento nas calçadas e, daqui a pouco, vão ter que botar guardas para organizar o tráfego de transeuntes.

Aliás, há quanto tempo não ouvia esta palavra — transeunte? Pois é, agora sou apenas mais um deles, e dou graças a Deus. Está me sobrando tempo até para ir à feira-livre, e ainda posso escolher em qual ir, porque tem duas muito boas aqui perto de onde moro. Agora, posso ver minha única neta quase todo dia, porque o berçário dela fica a apenas quatro quadras de distância.

Não tem nada melhor para um idoso — tudo bem, assumo — do que pegar o carrinho e ir buscar a neta a pé, parar nas vitrines, tomar um bom café expresso no bar da esquina, sem pressa, sem medo. Na minha rua, a Oscar Freire, parece que tem mais seguranças particulares do que moradores. Mesmo assim, vira e mexe, os motoqueiros-assaltantes levam a bolsa de alguma velhinha da turma da minha nova amiga da fila dos Correios.

Se meu velho (no bom sentido) amigo Zuenir Ventura já gosta de São Paulo andando de carro — tem que vir um carioca aqui para falar bem de nossa cidade, porque uma das diversões de paulistano é falar mal do lugar onde mora —, posso imaginar como ele vai se encantar muito mais com tudo se da próxima vez virar pedestre.

Deixo aqui o convite, caro Zuenir: vamos juntos andar a pé pelo Jardim Paulista, entrar por velhas galerias com antiquários fantásticos e sair por vilas em ruas sem saída, tomar o melhor expresso que tem no mundo, aqui em frente ao meu prédio. Se não fosse pela ausência do mar, tenho certeza de que você nunca mais iria querer sair daqui. Também, não se pode ter tudo na vida...

1° de abril de 2005

Bons tempos esses

———— ⇾ ⇽ ————

OS LEITORES DEVEM CERTAMENTE ESTRANHAR ESTE TÍTULO, em meio a tantas desgraças dos homens e da natureza – coisas ruins, sacanagens vis, violências boçais, baixos-astrais, bandalheiras várias, nepotismos multiplicados, mortes anunciadas, bolas murchas, balas perdidas, *tsunamis* sociais, estradas esburacadas, prostituições de todo tipo, filas e congestionamentos federais, fraudes estaduais, descasos municipais, desempregos e desesperos em geral, seqüestros das esperanças do amanhã – sei lá, mil coisas, essas coisas todas que fazem o nosso noticiário de todo dia.

Que me perdoem leitores e colegas, mas não consigo entrar nessa onda de que o fim do mundo está próximo e nada mais vale a pena. Talvez tenha me tornado meio autista depois que passei a trabalhar em casa, por conta própria, longe das redações e dos governos.

Por isso mesmo, resolvi sair do meu mundinho para ver gente, ouvir o que os outros estão pensando da vida. E foi assim que escolhi o título desta crônica

Passei horas bem agradáveis no belíssimo apartamento do escritor Fernando Morais, numa cobertura em Higienópolis, bairro bem conservado da São Paulo de antigamente. O consagrado escritor, meu contemporâneo nas redações da vida, que até hoje prefere ser chamado de repórter, estava comemorando com um jantar e muitos charutos, é óbvio, o lançamento de mais uma biografia – *Na toca dos leões* (Planeta, 2005), a história do publicitário Washington Olivetto e sua W/Brasil.

Tinha de tudo um pouco lá, além, é claro, do próprio autor e seu personagem – "personagem não dá palpite sobre o livro", explicava Olivetto, um tanto constrangido. "Subestimei minha capacidade de falar e a do Fernando de ouvir. Acho que falei demais, e depois me arrependi... Ele só pensa no leitor, está certo..."

De Jô Soares, todo de branco, muito animado com a volta do seu programa – "já tenho dois ministros confirmados, mas não posso contar quem são" –, ao fanático Juca Kfouri, felicíssimo porque o seu Corinthians versão *El Timón* conseguiu chegar à vice-liderança do campeonato paulista; do jornalista que atende pela grife Nirlando Beirão ao inconsolável advogado Manuel Alceu, que quase comeu sua gravata tricolor ouvindo no radinho de pilha a derrota do até então invicto São Paulo para a quase rebaixada Portuguesa; do eterno revisteiro Thomaz Souto Corrêa, preocupado em como vai sair na foto da próxima capa da revista *Imprensa*, ao Reinaldo Morais, irmão do anfitrião, que contava a hilária história de um amigo que faz terapia há 34 anos – coisas de Minas...

Posso andar meio surdo, mas não ouvi ninguém reclamando de nada, nem da demora do jantar ou da dificuldade para estacionar naquela tal rua Pernambuco, que parece abrigar mais carro do que gente. Ao contrário: a única queixa geral é que está todo mundo trabalhando demais, que há muito tempo não tinha tanto serviço, que não está dando para atender às encomendas, que está tudo muito acelerado.

Alguma coisa não anda batendo entre o noticiário e o sentimento das pessoas – pelo menos das que tenho encontrado por aí. Sei, claro, não havia lá no jantar nenhum miserável que precisa ser socorrido pelo programa Bolsa Família... Mas, convenhamos, até há algum tempo, nem faz tanto, as queixas eram generalizadas ao avesso – todo mundo reclamando dos juros, da recessão, da falta de encomendas, do desemprego, da carga tributária, do marasmo na economia, do diabo a quatro, ou mais.

No dia seguinte, sem nenhuma ressaca, juro, fui encontrar uma pista para este mistério num parágrafo perdido lá no meio do tijolão cotidiano do Merval Pereira, em *O Globo*. Escreve o colunista, que não pode ser chamado de jeito nenhum de petista chapa-branca: "Tanto que o PIB per capita anunciado ontem aumentou ano passado 3,7%, o maior crescimento dos últimos dez anos, maior mesmo do que a média do último século, que foi de 2,5% ao ano". A roda voltou a girar, pois não?

Bons tempos esses, posso então pensar? Ou ainda não? Se essa fosse a manchete dos jornais, em lugar da agonia do papa João Paulo II, talvez mais gente concordasse com o título desta coluna, em vez de achar que fiquei maluco, o que também não descarto.

Claro, se o meu São Paulo não tivesse perdido ridiculamente o título naquela fatídica noite, encontraria mais razões para estar feliz hoje do que apenas com o aumento do PIB per capita. Mas poderia ter sido pior.

Agora, posso contar: cheguei a pensar em ir ao jantar com a minha camiseta nova do tricolor, que ganhei no último Natal, portanto ainda invicta, para me vingar dos corintianos que certamente seriam maioria, mesmo numa celebração de refinados intelectuais paulistanos.

Deste mico, pelo menos, escapei. Afinal, como disse Napoleão, ou ao menos pensou, "pior do que a derrota, só o ridículo..."

19 de abril de 2005

A noite de Frei Chico

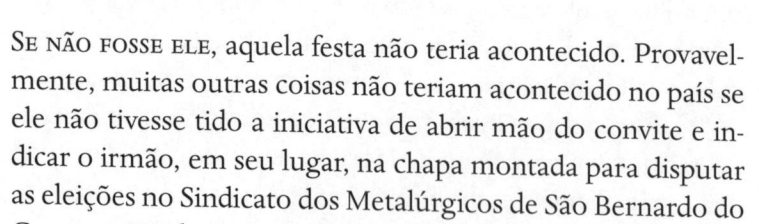

———— ⇾ ⇽ ————

SE NÃO FOSSE ELE, aquela festa não teria acontecido. Provavelmente, muitas outras coisas não teriam acontecido no país se ele não tivesse tido a iniciativa de abrir mão do convite e indicar o irmão, em seu lugar, na chapa montada para disputar as eleições no Sindicato dos Metalúrgicos de São Bernardo do Campo e Diadema, em 1969.

Ele é Frei Chico, o irmão mais velho de Luiz Inácio da Silva, que voltou à sede do sindicato para receber uma homenagem dos antigos companheiros, na comemoração dos 30 anos da posse da primeira diretoria presidida por Lula, em 1975.

Lula não era nem filiado ao sindicato antes de ser candidato, como ele mesmo lembrou em seu discurso de hora da saudade, que durou 45 minutos. Gostava mesmo era de praia, forró e futebol.

Frei Chico, que nada tem de frade nem de Chico – seu nome de batismo é José Ferreira da Silva, metalúrgico, comunista de carteirinha –, ganhou o apelido "porque naquele tempo eu estava começando a ficar careca no cocoruto, e estavam prendendo um monte de frades...".

Frei, tudo bem, mas por que José virou Chico nem ele sabe. Nessa noite, pela primeira vez, Lula resolveu chamá-lo ao palco para contar como tudo começou. Todo de branco, meio sem graça, Chico saiu do fundo do salão e do anonimato. E os mais de 600 metalúrgicos reunidos no auditório do sindicato, a maioria jovens que não pegaram o tempo das greves do final dos anos 1970, ficaram sabendo do papel desse careca na história do Lula e do movimento sindical do ABC, o principal pólo de resistência ao regime militar.

"O Chico não pôde aceitar o convite para entrar na chapa e perguntou se eu topava, até resisti um pouco no começo...", contou Lula, para explicar como entrou na vida sindical. O que ele não contou foi o motivo da recusa de Chico, hoje com 62 anos, que naquela época já exercia intensa atividade sindical e política.

O relato que Chico me fez, depois da festa, mostra como a história muitas vezes é escrita a partir de um pequeno detalhe, um detalhe que pode parecer banal, mas acaba mudando substancialmente o curso das coisas. Ele trabalhava na metalúrgica Carraço, que já tinha um diretor de base, José Ferreira da Silva, o Ferreirinha. A mesma fábrica não podia ter dois diretores na chapa. Como Ferreirinha não queria perder a estabilidade sindical, Chico abriu mão do seu nome e lembrou de Lula, que trabalhava na Villares, uma fábrica grande.

De diretor de base, que morria de medo de falar nas assembléias, na eleição seguinte, em 1972, Lula virou diretor do setor de previdência e, em 1975, chegou à presidência. O resto da história todo mundo já sabe, mas ninguém parecia mais feliz naquela noite do que Chico, sentado ao lado do irmão presidente da República, rindo das brincadeiras que ele fazia com os velhos companheiros.

Se não fosse o Ferreirinha, quem sabe hoje Lula fosse apenas mais um metalúrgico aposentado da Villares, como tantos outros na faixa dos 60 anos, que voltaram a se encontrar nesse histórico sindicato que deu origem ao PT, à CUT, e teve um papel importante em todas as lutas pela redemocratização do país.

Líder sindical que, no começo, não queria saber de partidos nem de políticos, a ficha de Lula só caiu mais tarde, quando Frei Chico foi preso e barbaramente torturado, em 1975. Foi a partir daí que, como consta hoje, Lula começou a adquirir consciência política, entender o que estava em jogo naquele momento e correr os riscos de afrontar, com suas greves, a ditadura implantada pelos militares em 1964.

Antes de voltar a Brasília, naquela mesma noite, Lula ainda passou um bom tempo na sala da presidência do sindicato, numa roda de velhos e novos líderes metalúrgicos, recordando os tempos em que não era permitida nem negociação salarial. Com o sindicato sob intervenção, preso no DOPS junto com outros diretores do sindicato, Lula nunca esquecerá o 1º de maio de 1980, quando suas mulheres, com Marisa à frente, comandaram a passeata e lotaram as ruas de São Bernardo do Campo, a caminho do Estádio de Vila Euclides, palco das assembléias dos metalúrgicos.

Um helicóptero do Exército, com as portas abertas e soldados apontando as armas para a multidão, sobrevoava o estádio. A caminho de São Bernardo do Campo para a festa do sindicado, vi de novo um helicóptero do Exército sobrevoando a via Anchieta. Até comentei com minha mulher: "talvez seja o mesmo daquele 1º de maio, já que a frota é bem antiga". Só que dessa vez ele estava levando a comitiva do presidente Lula para a festa. Passaram-se apenas 25 anos entre uma e outra missão.

No final da noite em que foi chamado a subir ao palco, Frei Chico desceu as escadas do sindicato sozinho, feliz da vida. Lá fora, os batedores do Exército já estavam preparados para abrir caminho à comitiva do seu irmão – aquele que não queria ser sindicalista e virou presidente da República.

Se não fossem o Ferreirinha e a desambição de Frei Chico...

5 de maio de 2005

Alô, tia Mirijana?

———— ⇾ ⇽ ————

Já ESTAVA ESCURECENDO QUANDO PASSEI PELA PORTARIA do condomínio na praia de Toque-Toque Pequeno, em São Sebastião, no litoral norte de São Paulo. O porteiro vem correndo com uma carta na mão: "Chegou aqui para o senhor".

Achei estranho, porque nunca havia recebido correspondência alguma ali, e mais esquisitos ainda o nome e o endereço da remetente:

Mirijana Kocho
107 Bedford Road, Pleasantville, New York, 10570.

Sem ter a menor idéia de quem se tratava, pensando que era brincadeira de algum amigo, esperei chegar em casa para abrir a carta. Meu sobrenome estava escrito corretamente, o que é raro, porque muita gente escreve Kocho mesmo, e logo nas primeiras linhas deu para descobrir que éramos da mesma família, mas eu nunca tinha ouvido falar dela.

Por uma dessas absurdas coincidências, bem naquela semana eu estava escrevendo o segundo capítulo de um livro de memórias, justamente sobre a história da minha família e a origem de seu sobrenome, que ela chama na carta de *unusual*. Eu tinha poucas informações sobre a família de meu pai, Nikolaus, que morreu quando eu tinha 12 anos.

Nada sabia, por exemplo, sobre meu avô paterno, Ivan, que desapareceu no final da Segunda Guerra. Só sabia que era russo. Mas logo no segundo parágrafo da carta escrita em inglês deu para desvendar todo o mistério.

Mirijana, filha do segundo casamento deste avô, passou anos tentando achar alguém da família Kocho, pois se sentia sozinha no mundo após a morte dos pais – que trabalharam como escravos num campo de concentração na Europa oriental e emigraram para os Estados Unidos no pós-guerra –, por não conhecer nenhum parente. Quando inventaram a internet, ela começou a digitar Kocho de diferentes formas, trocando, tirando e incluindo letras, até chegar a um sujeito no *site* de busca, que tinha um nome – e uma história – muito parecidos com os dela.

Esse sujeito sou eu.

"Passei a acompanhar as suas atividades como jornalista e depois no governo brasileiro. Chamou-me a atenção, na sua biografia, que sua família emigrou da Europa, e na casa dos seus pais se falava alemão", escreveu ela. Como o único telefone que está no meu nome é o da casa da praia, ela fez outra pesquisa em catálogos telefônicos na internet e chegou ao endereço de São Sebastião. Kotscho, segundo ela, é uma transliteração alemã de Kocho, em cirílico.

Faz sessenta anos que a Segunda Guerra terminou, e só agora, graças à internet e à insistência de Mirijana, que descobri ser minha tia, dá para remontar o quebra-cabeças de um dos milhões de famílias – a minha – que se perderam durante os conflitos de 1939–1945 e se espalharam pelo mundo, um sem saber do outro.

"Se Ivan é seu avô e Nikolai (Nikolaus em alemão) é seu pai, então eu sou a sua tia", constata Mirijana.

Meus avós paternos, Ivan e Nadezda, a *Babuschka*, se separaram ainda durante a guerra, e meu pai não ouviu mais falar da mãe, que ele só reencontraria em 1955, ao fazer uma viagem à Europa, num albergue de refugiados de guerra, em Trieste, na fronteira da Itália com a Iugoslávia, junto com uma sobrinha, Alexandra, filha de sua irmã Tânia, que também sumiu na guerra.

Antes de trazer as duas para o Brasil, e sem saber se algum outro parente tinha sobrevivido à guerra, deixou uma carta na portaria do albergue, com seu endereço, para o caso de alguém procurar por elas. Pouco tempo depois, Tânia, que morava na Austrália e também procurava os parentes, encontrou a carta do meu pai no albergue. Após algumas trocas de cartas, minha avó e minha prima, filha de Tânia, deixaram o Brasil e foram se encontrar com ela na Austrália, e por lá ficaram.

— Alô, tia Mirijana? Aqui é o Ricardo...

Na mesma noite, telefono de São Sebastião para Nova York. Mirijana, advogada aposentada, um ano mais velha do que eu, custa a acreditar que todas as suas suposições eram verdadeiras, e que sua meia-irmã Tânia ainda está viva e mora na Austrália. As duas se falam no dia seguinte. Minha filha mais velha, Mariana, e a mais velha dos três filhos de Mirijana, também chamada Alexandra, as duas jornalistas, começam a trocar mensagens por e-mail, e não param mais. E a história da família em poucos dias é reconstituída via internet. A tia Mirijana, que não tinha mais ninguém no mundo além do marido suíço e dos filhos, de repente descobre que tem parentes em quatro continentes. Parece ficção, diria o meu editor.

23 de maio de 2005

O vento virou

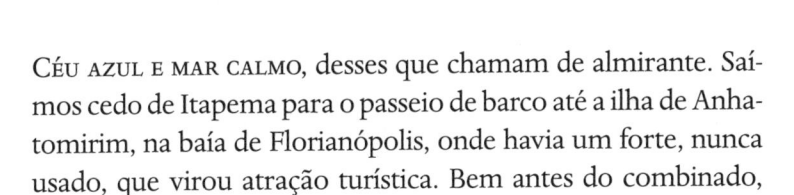

———— ⇾ ⇽ ————

Céu azul e mar calmo, desses que chamam de almirante. Saímos cedo de Itapema para o passeio de barco até a ilha de Anhatomirim, na baía de Florianópolis, onde havia um forte, nunca usado, que virou atração turística. Bem antes do combinado, em meio ao almoço, o velho barqueiro que havia nos levado à ilha para passar o dia voltou assustado e gritou:

— Vamos embora, pessoal, que o vento virou! Tem que ser já!

Em segundos, minha mulher Mara, o casal de amigos Décio e Lori Moser, nossas filhas e eu pulamos no barco e partimos de volta, sem tempo nem para perguntar nada. O céu pretejou de repente, ondas enormes se formavam à nossa frente, a chuva de vento veio forte e não se enxergava nada, muito menos terra à vista. O barquinho ziguezagueava meio à deriva, subindo e descendo das ondas, o motor rateando, o filho do barqueiro ajudando a abrir caminho com o remo. O passeio virou um tormento. Só me restava rezar. Nunca passei tanto medo na vida.

Uma eternidade de meia hora depois, já na praia, o homem que nos salvou a todos, um pescador de barba branca que pensava saber tudo do mar, benzeu-se, beijou o filho e confessou que nem mesmo ele jamais tinha visto coisa igual. Tomamos uma garrafa de cachaça no gargalo e, refeito do susto, comecei a pensar como o destino pode mudar de uma hora para outra, dependendo da vontade do vento e de como reagimos à mudança.

Por que esse episódio veio-me à lembrança enquanto tomava um café na bucólica alameda Lorena, perto de onde moro, bem longe do mar? É que li numa pequena nota na coluna de Tereza Cruvinel, no *Globo*: "Aqui em Brasília o tempo virou de vez: chegaram juntos o frio, a seca e o pico da febre política que acomete o governo desde fevereiro".

Nem faz tanto tempo, foi no começo de abril, escrevi uma crônica com o título "Bons tempos esses". Era sobre um jantar na casa do escritor Fernando Morais em que reencontrei velhos amigos e um baita alto-astral, um pessoal de bem com a vida. Saí de lá feliz e resolvi contar uma história diferente, sei lá. Queria apenas fazer um contraponto, cair fora da mesmice da desgraceira geral, mostrar que, apesar dos juros, da corrupção e da violência, também tinha coisa boa acontecendo, mas os leitores não gostaram.

Recebi uma tonelada de críticas, algumas até iradas. Faz parte do ofício. Ao contrário do que acontecia nos jornais e nas revistas em que trabalhei, onde as cartas de leitores sobre o nosso trabalho eram raras e demoravam a chegar, agora, com a internet, a reação é imediata, fulminante. Deu para sentir que o pessoal anda tão bravo com a situação que não admite alguém falar em coisa boa.

Ao bater de frente com o assustador noticiário dos últimos dias e ler a nota da Tereza Cruvinel, fui entender a justa revolta dos leitores comigo: o vento virou e eu não percebi – eu e muitos amigos do governo em que trabalhei nos últimos dois anos. Trancado para escrever no apartamento, de onde só tenho saído para buscar a neta no berçário e dar algumas voltas no quarteirão, não havia me dado conta da radical mudança no tempo, que virou de vez o humor das pessoas. De volta à realidade, como escrevi ainda outro dia, acabei me afastando dela, como notaram os leitores. Chove, depois de longa estiagem, os dias andam cinzentos e as noites paulistanas não convidam a sair de casa.

Procuro descobrir quando foi, em que momento a coisa virou, pois não se trata de um fato ou outro, isoladamente, mas do conjunto da obra. A inflação continua sob controle, a economia, as exportações e os juros crescendo, o desemprego diminuindo, os números não mudaram. De repente, porém, você pega os jornais e não sobra pedra sobre pedra no cenário político, pinta um clima de fim de feira moral, de desesperança, de indignação, de salve-se quem puder, tudo ao mesmo tempo. É um velho filme que não gostaria de ver mais, mas que voltou às telas.

Dá para ficar assustado, como aquele dia no mar de Santa Catarina. O pior é que não há sinais de terra à vista e, em meio à tempestade, está cada um remando para um lado, querendo se salvar sozinho. Nessa hora, como diria o experiente pescador, muita calma – em vez de buscar um culpado, talvez seja melhor procurar uma saída, um porto seguro, enquanto é tempo. Afinal, estamos todos no mesmo barco.

Ando numa fase de lembranças. Outro dia, quando li sobre a ida da Ana Paula Padrão para o SBT, recordei um episódio da campanha presidencial de 2002. O candidato Lula e o então presidente nacional do PT, hoje ministro José Dirceu, foram visitar Sílvio Santos, o dono da segunda maior rede de TV do país.

Lá pelas tantas, entre uma gargalhada e outra, Sílvio começou a explicar por que o jornalismo tinha sumido da grade de programação da emissora: dificuldade para contratar um(a) âncora.

— Você não sabe, Lula, como é difícil. Gosto muito dessa Ana Paula Padrão, da Globo. Ofereci a ela 150 mil reais por mês! Quatro vezes mais do que ela ganhava lá! Aí deram um aumentinho para Ana Paula na Globo, e ela acabou não vindo...

Depois de falar de outros convites feitos e não aceitos, o homem do baú revelou que chegou a pensar em importar um âncora da Argentina (isso muito antes de Tevez & cia. no Corinthians).

— Conheci um apresentador de telejornal argentino fantástico. Um homem bonito, você precisava ver, voz forte, dicção perfeita. Mas ele não fala português...

Era só o que faltava: um telejornal com legendas.

Três anos e muitas mudanças de vento depois, Ana Paula acabaria aceitando o convite de Sílvio Santos.

2 de junho de 2005

Revolução via internet

———— ➔ ✦ ————

NA VIRADA DE 1999 PARA 2000, achei que seria um bom momento para dar também uma virada na vida. Não renovei o contrato com a TV Bandeirantes, onde era diretor regional de jornalismo, e fui embora para São Sebastião, litoral norte de São Paulo, decidido a morar na praia, depois de 35 anos de trabalho com carteira assinada. Agüentei só dois meses. Acabaram-se as férias de verão, foi todo mundo embora, o dinheiro também acabou, e só me restou voltar, como se diz, "para o mercado".

O primeiro convite que recebi foi para ser sócio num *site* jornalístico que estava sendo criado. Vivia-se a febre da internet. Todo mundo ficou ouriçado com a novidade. Só se falava em altos salários, ganhar muito dinheiro rapidamente, uma verdadeira festa. Grandes nomes do jornalismo haviam trocado a imprensa escrita pela internet, e cheguei a pensar na proposta de também entrar nesse barco, mas logo desisti.

E se não desse certo? Habituado a ser empregado a vida toda, confesso que fiquei com medo de me tornar sócio de uma coisa que eu nem sabia direito o que era. Logo voltei a trabalhar numa redação, com o Augusto Nunes, na revista *Época*. A febre não durou muito. Muitos *sites* quebraram e profissionais ficaram no desvio.

Pegando carona num texto do Zuenir Ventura sobre os dez anos da internet, constato quanta coisa mudou nesse período. Ouso dizer que a internet é a grande revolução nas comunicações neste início de século e de milênio – e não só nas comunicações físicas, mas nas relações humanas, na política, na economia, em quase tudo na vida. Posso falar por experiência própria, pois hoje passo boa parte do dia lendo e respondendo correspondências que recebo por e-mail. De cara, há uma profunda mudança no jornalismo, na nossa relação com os leitores. Antes, o jornalismo era um monólogo: cada um de nós escrevia o que queria, o leitor gostando ou não, concordando ou não. Raros eram os leitores que escreviam para as redações, e mais raros ainda os jornalistas que se dignavam a responder às cartas recebidas. Hoje, não: é um diálogo permanente, em que você continua escrevendo o que quer, mas é obrigado a ler também o que os outros escrevem. Do monólogo passamos rapidamente para um diálogo permanente, e agora, tenho certeza, muitos de nós passamos mais tempo respondendo aos leitores do que escrevendo.

E não é só isso. Com a democratização das comunicações pela internet, aumentou muito também a participação de todo mundo na vida política do país. Acho que nas próximas eleições já haverá pela primeira vez uma grande influência dessa movimentação na imensa rede de discussão que se espalha via internet. Se no início eram manifestações isoladas e sem maiores conseqüências, percebe-se de uns tempos para cá uma clara organização de grupos de influência fazendo feroz oposição ao governo e aos demais poderes constituídos como nunca se viu na mídia impressa.

A maioria dos eleitores ainda não tem acesso à rede, mas os que têm, algo em torno de 15 milhões de pessoas, abrigam toda a grande massa dos chamados formadores de opinião pública. Claro que aqui se nota uma circulação de informação em duas vias, com a grande mídia ainda influenciando fortemente os internautas, mas o fato é que nos últimos tempos o volume de correspondências eletrônicas enviadas aos jornalistas e às empresas também deve estar mexendo com as cabeças nas redações.

Como em toda novidade, tem coisa boa e tem coisa ruim. A informação errada jogada *on-line* tanto pode matar um Zuenir Ventura antes da hora como afetar a bolsa e o dólar e toda a economia do país. De outro lado, a livre circulação de informações nos dá a alegria de reencontrar amigos que não vemos desde os tempos de escola e até descobrir um lado desconhecido da família, como aconteceu comigo e com a tia Mirijana. Serve também para corrigir erros que publicamos. No artigo "O vento virou", por exemplo, escrevi que na ilha de Anhatomirim, em Santa Catarina, havia um forte que nunca foi usado. Entre as mais de cem mensagens que recebi comentando o artigo, várias corrigiram esta informação. Internet também é cultura... Por isso, reproduzo aqui o e-mail que recebi do leitor César Eugenio Dias:

> Caro Ricardo: sou jornalista por profissão, morador de Florianópolis por paixão, velejador e mergulhador de vagabundo mesmo. Li seu texto com referências ao forte de Anhatomirim que, segundo o mesmo, nunca foi usado. Foi. Por pouco tempo e com grande ineficácia, é verdade, mas foi. O forte fazia parte do sistema de defesa da baía Norte da ilha de Santa Catarina, na ilha de Ratones Pequeno; e um terceiro localizado entre as praias de Jurerê e Daniela, local hoje conhecido por Praia do Forte. A idéia era fazer um triângulo

de fortalezas protegendo a baía dos barcos não portugueses, mas os canhões de baixa potência deram cabo da iniciativa. Foi em Anhatomirim também que o general Moreira César fuzilou os rebeldes a mando de Floriano Peixoto, que ainda levou o nome da cidade em homenagem. Contudo, o mar realmente costuma mudar muito rápido por estas bandas.

21 de junho de 2005

Deu metástase

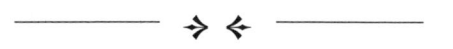

———— ⇾ ⇽ ————

Estava demorando mais do que o habitual para escrever a coluna, e não era por preguiça. Fiquei esperando para contar alguma coisa boa, de preferência com final feliz, mas hoje fui cobrado pelo editor: "Para quando é?" Então, já que não tem outro jeito, vou contar duas pequenas histórias, que dão bem uma idéia dos tempos atuais, tempos tristes.

A primeira: um amigo meu, empresário de Campinas, que só trabalha dentro da lei, está agoniado com os rumos do seu comércio. O amigo, além de herdeiro de uma tradicional revenda de pneus, é um desses idealistas inveterados que passam a vida não só fazendo tudo direito, mas procurando ajudar os outros. Dedica boa parte do seu tempo a estimular o trabalho voluntário e a melhorar o ensino público. Entre seus pares, é considerado um romântico, um poeta fora da realidade.

De uns tempos para cá, anda agoniado. Não tem mais como disputar mercado com a concorrência dos recauchutadores de pneus usados que o país importa, apesar de estar em vigor uma lei que proíbe esta prática. Graças a uma liminar – no Brasil, agora tem liminar para tudo –, pneus descartados em outros países continuam desembarcando aqui. Resumo da história: como nesse mercado, digamos informal, dos usados ninguém paga impostos, um pneu recauchutado sai por 50 reais. Na rede de lojas do meu amigo, que insiste em cumprir todas as leis fiscais e trabalhistas, um pneu novo sai quatro vezes mais caro. Enquanto a liminar continua em vigor, várias lojas foram fechadas, empregados, demitidos, sem falar nos riscos com a própria segurança que correm os compradores desses pneus "seminovos".

Segunda história: a loja de móveis usados sumiu. Há seis meses, quando mudamos da casa onde moramos por quase trinta anos para um apartamento, logo descobrimos que nossos velhos móveis não cabiam no novo espaço. Nenhum parente se interessou por eles, que fazer? Alguém sugeriu que a gente procurasse um "família vende tudo", um tipo de leilão organizado na própria casa.

A dona do negócio sugeriu que deixássemos os móveis "em consignação" em sua loja de antiguidades, já que assim seria mais fácil vendê-los, e por um preço melhor. Como precisávamos deixar a casa vazia para a imobiliária encarregada da venda, achei a idéia boa, entreguei os móveis e esqueci do assunto.

Outro dia, minha mulher lembrou deles e resolvi ligar para a dona do brechó de móveis. No cartão, havia três telefones: um não atendia, outro não existia e o terceiro estava fora de operação. Desconfiados, fomos à loja para ver o que se passava. Não passava nada: a loja simplesmente desapareceu do lugar onde estava instalada, num casarão do Butantã. Nenhuma placa, nenhum aviso, nada. Foram-se os nossos móveis.

Ao contar estas histórias, em meio ao interminável festival de maracutaias e bandalheiras públicas e privadas que ocupam todo o espaço do noticiário, das colunas e das conversas nas últimas semanas, dou-me conta de que não se trata de mais uma crise de corrupção localizada. Parece que deu metástase.

Para não ficar sem um final feliz, vou parando por aqui: lembrei que está na hora de pegar minha neta na escolinha. Tem coisa melhor?

6 de julho de 2005

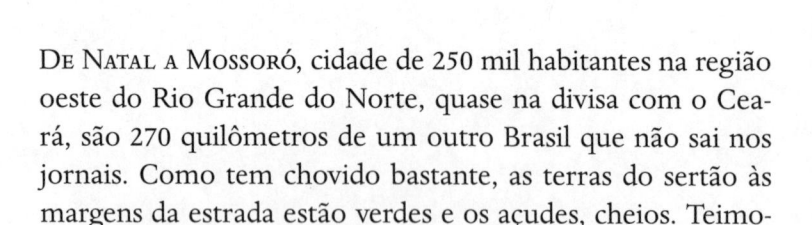

Um outro Brasil

——— ⇾ ⇽ ———

DE NATAL A MOSSORÓ, cidade de 250 mil habitantes na região oeste do Rio Grande do Norte, quase na divisa com o Ceará, são 270 quilômetros de um outro Brasil que não sai nos jornais. Como tem chovido bastante, as terras do sertão às margens da estrada estão verdes e os açudes, cheios. Teimosos, agricultores de todos os tamanhos voltaram a plantar de tudo, depois de mais uma temporada de seca brava.

Vamos passando por pequenas cidades de nomes bucólicos – Caiçara do Rio dos Ventos, Angicos, Assu –, de ruas limpas e casas caiadas, sem sinais da miséria, comum às margens das estradas nos grandes centros do país. O que mais chama a atenção, além da profusão de bodes trafegando placidamente por toda parte, são as enormes tubulações que margeiam a BR-304. É que estamos entrando no maior campo petrolífero terrestre do país, com uma produção diária de 104 mil barris.

Faz 25 anos que, ao perfurar um poço para abastecer de água quente a piscina do Hotel Thermas, jorrou óleo em Mossoró. De lá para cá, multiplicaram-se os "xeiques do sertão", como são chamados os proprietários das terras onde a Petrobras foi perfurando novos poços. Nunca tinha ouvido falar disso. Com os *royalties* que recebem, esses agricultores, muitos deles humildes e analfabetos, puderam mandar os filhos para boas escolas, que se espalham pelas principais cidades da região. Quer dizer, melhoraram de vida. Alguns chegam a ganhar mais de 100 mil reais por mês.

Antes dessa descoberta, Mossoró era conhecida por suas salinas, ainda hoje responsáveis por 92% da produção nacional do produto. Mas com o petróleo, a paisagem mudou. No caminho, fico sabendo que ainda está em produção na área do hotel, próximo ao centro da cidade, o poço pioneiro de petróleo – hoje uma atração turística ao lado de um conjunto de piscinas de águas termais que atingem temperaturas de até 54 graus.

O sertão virou atração turística. Além do sal e do petróleo, a região tornou-se importante pólo de fruticultura (melão, melancia, manga e banana tipo exportação). Tem também o Costa Branca, um projeto integrado de desenvolvimento espalhado ao longo de mais de 100 quilômetros de praias, salinas e dunas no roteiro que liga Natal a Fortaleza.

Mas o que mais tem atraído gente de fora são as festas típicas que atravessam todo o ano. Além das tradicionais vaquejadas e festas juninas, a cidade promove, em junho, um teatro ao ar livre chamado *Chuva de balas no país de Mossoró* (em comemoração à vitória da cidade contra o bando de Lampião, em 1927). Em julho, tem a *Festa do Bode*. Depois vêm o *Auto da Liberdade* e o *Cortejo de 30 de Setembro*, ambos comemorativos à luta libertadora dos escravos da região, cinco anos antes de a princesa Isabel assinar a Lei Áurea. O *Oratório de Santa Luzia*, em dezembro, é outro espetáculo de teatro, música e dança que conta a vida da padroeira da cidade e termina com uma procissão acompanhada anualmente por cerca de cem mil fiéis.

A maioria dos eventos é inspirada na luta libertária dos mossoroenses. O povo de lá é orgulhoso, com razão. Ainda em 1927, poucos meses depois da vitória sobre Lampião, a professora e juíza de futebol Celina Guimarães tornou-se a primeira mulher brasileira a se habilitar ao direito do voto, quatro anos antes deste direito ser implantado em todo o território nacional – antes até de países como a Inglaterra.

Passei a noite em claro viajando de Mossoró a Natal para depois fazer conexão no Recife e chegar a tempo de participar, no dia seguinte, do seminário dos 80 anos do jornal *O Globo*, no Rio de Janeiro. Mas valeu a pena. Se a gente não sai da toca para ver de perto o que acontece fora do eixo Brasília–Rio–São Paulo, por estes muitos Brasis espalhados por aí, não dá para ter uma idéia da riqueza do país em que vivemos, nem a oportunidade de comer um fantástico guisado de bode num restaurante de beira de estrada.

Pois foi exatamente sobre isso que acabei falando no seminário do *Globo*, que tinha por tema "Imprensa e Poder". Diante de uma platéia atenta e interessada, formada principalmente por jovens, procurei sair um pouco do assunto para mostrar que na nossa imprensa, de forma geral, temos Brasília demais e Brasil de menos no noticiário. É muita politicagem, muito gabinete, muito bastidor, muita futrica, muito jornalismo declaratório e pouca reportagem para contar o que está acontecendo – de bom ou de ruim – no restante do país.

Não é possível que num país do tamanho do nosso, com seus 180 milhões de habitantes, só tenha coisa ruim acontecendo todos os dias em todos os cantos e setores da vida nacional. Será que não tem nada dando certo, ninguém fazendo alguma coisa que preste, nenhuma história que faça o leitor rir, se emocionar, se sentir feliz por estar lendo aquela notícia?

Meus colegas de mesa no seminário argumentaram que a crise política tinha chegado a tal ponto que ninguém falava mais de outra coisa. Tudo bem, mas se nós, jornalistas, tratamos de um só assunto em todos os jornais, telejornais e revistas, por mais grave e necessário que seja, é claro que os leitores e telespectadores também não terão outro assunto para falar.

O fato é que, apesar de todas as denúncias e desgraças, violências e corrupções, um outro Brasil existe. É um país feito também de gente como os orgulhosos e felizes habitantes de Mossoró – e é nele que vivemos e queremos continuar vivendo.

4 de agosto de 2005

Valeu, seu Francisco

———— ⇾ ⇽ ————

Lavrador em terra alheia, só lhe restava o destino de tantos: trabalhar para comer, morrer trabalhando para comer. Sua vida não daria um romance, embora a grande Clarice Lispector tenha dito outro dia que toda, qualquer vida dá um romance.

Era uma história comum demais, que transcorria sem grandes dramas nem alegrias, pobre de emoções e conflitos, absolutamente previsível. Por muito menos motivos daria um filme – e ainda mais um filme belíssimo, comovente, que resume a história de muitos milhões de brasileiros, com a raridade de ter um final feliz.

O que fez desse brasileiro comum o protagonista de *2 filhos de Francisco* foi, primeiro, um pequeno detalhe e, mais tarde, a determinação de transformar um sonho em realidade. Um belo dia, Francisco Camargo, pai dos cantores sertanejos Zezé de Camargo e Luciano, resolveu romper com as próprias mãos seu isolamento do mundo.

Não havia luz na casa de pau-a-pique do sítio em que morava com a família, na zona rural de Pirenópolis, bela cidade do interior de Goiás, a duas horas de Brasília. Apaixonado por música, desafiou o destino e acabou fazendo uma gambiarra para instalar a antena que lhe permitia sintonizar um rádio a pilha.

Começa aí a história que levou dois de seus filhos a baterem a marca de 20 milhões de discos vendidos, porque ele botou na cabeça que para sair daquele mundo de precária cultura de sobrevivência só tinha um jeito: mudar de vida, de cidade, arriscar, investir num sonho, nem que fosse para quebrar a cara, até brigar com a mulher, Helena, que temia pelos filhos – e tinha razão –, como aconteceu várias vezes ao longo do penoso caminho até o sucesso.

Com o rádio ligado o tempo todo para os meninos aprenderem as músicas, trocou o arado e o pouco que tinha de valor por uma sanfona e um violão. Na ânsia de poder e glória, como dizia meu amigo e parceiro Luiz Sérgio Person, o grande cineasta paulista já falecido, a trajetória dos Camargo foi sofrida, deixando pelo caminho um filho morto em acidente de carro, na volta de um show (Person, por uma ironia da vida, também morreu num acidente de carro).

Na contra-mão dos filmes água-com-açúcar sobre cantores de sucesso, em que tudo dá certo o tempo todo, *2 filhos de Francisco* é uma porrada – um filme que emociona pela dureza, pela franqueza por vezes áspera dos diálogos, pela realidade tratada como se fosse um documentário – tanto que as duas estrelas só aparecem no final, como se fossem figurantes da própria história.

Embora seja o primeiro longa de Breno Silveira, um dos jovens diretores da Conspiração Filmes –, produtora carioca que se associou à Columbia e à Globo Filmes para produzir o filme –, parece obra de diretor veterano, tal a firmeza com que conduz a história, sem cair na pieguice ou na emoção barata em nenhum momento.

Nas duas pré-estréias em São Paulo – uma para três mil pessoas, que viram o filme simultaneamente em onze salas do Shopping Jardim Sul, e outra para uma pequena platéia de elite na Cinemateca –, as pessoas saíram dos cinemas com a expressão de alegre surpresa com o que viram – de orgulho até, eu diria.

Mesmo com tanto sucesso, como sabemos, ainda há muito preconceito em relação a Zezé de Camargo e Luciano, e a todas as outras duplas sertanejas. Com exceção de Luciano, um fanático por cinema, a família Camargo só foi ver o filme já pronto junto com as platéias que vibraram nas pré-estréias – e se emocionou junto com elas, como se não fosse ela própria a autora do enredo.

Muita gente não entendeu o que fazia lá Caetano Veloso, ícone de outra tribo, que assina a trilha sonora junto com Zezé de Camargo. Mas ele estava tão feliz com o resultado como os dois meninos que vivem Zezé de Camargo e Luciano na infância, e que depois subiram ao palco do saguão do Shopping Jardim Sul para cantar, assumindo seus papéis na vida real.

No meio de tanta lambança e coisa ruim que nos envolvem nestes últimos tempos, confesso que foi uma festa para a alma ver o trabalho primoroso de atores como Ângelo Antonio (meu velho colega de grupo de oração), no papel de Francisco; Dira Paes, no de Helena; José Dumont, no do empresário sem escrúpulos, que adota e explora a dupla no início de carreira; e do eterno Lima Duarte, no de bravo avô dos meninos.

Já teria sido tudo muito bom e bonito, não fosse por um pequeno detalhe, que eu reluto, mas não posso deixar de contar. Podem falar que é nepotismo da minha parte: o roteiro é assinado por duas jovens – Carolina Kotscho e Patrícia Andrade –, que também estão estreando nesse ofício.

A multimídia Carol, modéstia à parte, é minha filha mais nova, que odiava ouvir música sertaneja quando a gente ia para o sítio de Porangaba, e que acabou voltando lá para pesquisar músicas sertanejas antigas nos meus discos de vinil de 78 rotações.

As duas foram contratadas só para fazer as primeiras pesquisas sobre a vida dos Camargo, mas se empolgaram tanto que foram chamadas para cuidar do roteiro – na verdade, uma bela reportagem sobre a vida nos fundões do Brasil. Foram três anos de trabalho, mas valeu a pena. Na saída dos cinemas, recebi tantos cumprimentos pela Carol, que me sentia como um pai de noiva. Posso imaginar a felicidade dos Camargo.

Valeu, seu Francisco, valeu dona Helena. Vocês venceram. De vez em quando, no Brasil, acreditem, também encontramos histórias – histórias reais – com final feliz.

19 de agosto de 2005

O drama de Lala e Lula

———— → ← ————

NA PASSAGEM DO ANO DE 2004 PARA 2005, dois amigos meus tinham todos os motivos do mundo para estar felizes e esperançosos: Lala e Lula. Parece até nome de dupla sertaneja. Só que Lala é apenas uma senhora caiçara. Lula hoje é do Brasil todo, do mundo. Falei com os dois no último dia do ano passado.

Lala é minha vizinha em Toque-Toque Pequeno, uma antiga praia de pescadores em São Sebastião, no litoral norte paulista, dona do único mercado do lugar, de uma pequena pousada e de um bar-restaurante, que toca junto com o marido, Dico, e as três filhas. A pousada estava lotada, a família mal dava conta do movimento – tudo prometia um belo ano-novo quando nos despedimos no entardecer de 2004.

Lula é o presidente da República, meu amigo há quase trinta anos, com quem tive a honra de trabalhar em três campanhas presidenciais e, depois, no governo, até o final de 2004. Nos falamos por telefone pouco antes do ano-novo, e ele me parecia tão animado quanto Lala. Para ele, 2005 seria o grande ano do governo, o ano de colher o que havia plantado na primeira metade do seu mandato. De onde vinha tanta certeza? Ele brincou comigo: "Agora que você foi embora, o governo só pode melhorar..."

Na semana seguinte, quando falei com os dois de novo, tudo havia mudado, como se o mundo tivesse dado uma cambalhota e ficasse virado de cabeça para baixo. Ainda não eram sete horas da noite de sábado. Fui comprar o que faltava em casa no mercadinho de Lala e Dico. Estava tudo fechado, em silêncio, as luzes apagadas.

Ao chamar por ela, quando apareceu na porta, tomei um susto. Poucas vezes na vida vi um rosto tão profundamente triste como o de Lala. Nem deu tempo de perguntar o que aconteceu; ela soltou os cachorros.

— Não se faz isso com uma caiçara. Estou arrasada. Estão me escorraçando daqui, e eu não sei viver em outro lugar. Mas não tem outro jeito: estamos vendendo tudo. Vamos ter que ir embora.

Com o rosto inchado pelos remédios que tomou e por não dormir, Lala me contou os motivos do seu drama. Em junho, no Dia dos Namorados, noite de domingo, quando a família estava reunida em frente ao bar do Dico, conversando com alguns amigos, um bando assaltou a casa da filha, logo ao lado. O genro reagiu e matou um dos bandidos, que fugiram. Dias depois, eles voltaram para se vingar e ameaçaram matar todo mundo. Lala ainda estava em pânico.

Lala e Dico nasceram, cresceram, se casaram e montaram família no tempo em que aquela aldeia de pescadores não era ligada ao resto do mundo por estrada onde passa carro, só por caminho de burro ou de barco a remo até São Sebastião.

Nunca saíram nem pensavam em sair de lá. Nem mesmo quando Yoshiko Takaoka, o grande criador e construtor dos conjuntos habitacionais Alphaville, resolveu investir na beira-mar e, depois de sobrevoar toda a costa do litoral norte de helicóptero, acabou escolhendo Toque-Toque Pequeno para implantar seu condomínio na praia. Foi o pedaço mais bonito que ele encontrou. Graças ao meu amigo Paulinho Andreolli, colega de jornal nos áureos tempos do *Estadão*, também fui parar lá seis ou sete anos atrás.

Logo fiquei amigo de Lala, que é uma mulher da pá virada, espivetada mesmo, espécie de líder da comunidade, e do Dico, que é o oposto: fechadão, fala pouco, mas é um cara de quem todo mundo gosta de graça, porque está sempre disposto a ouvir. Pessoas simples, boas, que iam tocando a vida sem pressa e sem grandes planos, a não ser ver crescer os netos, poder olhar o mar todo dia e pagar as contas no final do mês.

— Agora estou entendendo porque você saiu do governo – disse ela, sem explicar os motivos, do mesmo jeito que ouvi de tantas outras pessoas nas últimas semanas.

Respondi a Lala que só saí de Brasília por motivos pessoais, familiares, e não por divergências. Já estava previsto, combinado. Afinal, estava havia três anos longe de casa. E tudo ia bem no final do ano passado. Ninguém imaginava nada disso que abalou o país de uns tempos para cá. Não sei se ela acreditou, mas é a pura verdade.

Na volta para casa, amargurado por não poder fazer nada diante daquela situação dramática do casal de caiçaras, que, por medo de morrer onde havia nascido, estava sendo tocado do seu mundo, resolvi ligar para um velho amigo, o presidente Lula. Pois senti, mesmo de longe, ao telefone, que ele estava triste igualzinho a Lala, embora ainda mais animado com a vida, com mais esperança de virar o jogo do que nós todos juntos. Conversamos pouco. Só queria saber como ele estava, dar um abraço, e dizer o mesmo que falei para a Lala.

— Se precisar de mim, se puder ajudar em alguma coisa, você sabe que é só me chamar.

São dois mundos bem distintos – o da casa da Granja

do Torto de Lula e Marisa, em Brasília, e o dos meus vizinhos Lala e Dico, em Toque-Toque Pequeno. Mas o drama humano em relação ao que aconteceu nas últimas semanas e ao que pode acontecer no dia seguinte é o mesmo para os dois casais que foram dormir amargurados naquele sábado à noite, apenas oito meses depois do feliz ano-novo, com sentimentos tão mudados diante da realidade. O que teria acontecido que mudou tudo?

Muita gente me pergunta isso todo dia, e eu só sei responder: se não estou nem entendendo, como vou explicar? Não é que eu não queira falar de política, embora este nunca tenha sido meu gosto nem meu forte como repórter. É que eu não entendo muito disso. Gosto é de falar da vida, mas tem coisas na vida que nem a idade acumulada explica.

O jeito é fazer como os velhos pescadores de Toque-Toque Pequeno: esteja como estiver o céu, qualquer que seja a previsão do tempo, o jeito é botar o barco no mar, rezar um pouco e batalhar bastante para trazer peixe na volta. Como fiz hoje ao escrever este artigo, com uma baita dor no peito por não ter uma história boa para contar.

Por mais que doa, não posso deixar de escrever. É minha vida. Os dias, os dramas e os governos, até as eventuais alegrias passam. Mas a família, os amigos e os leitores ficam.

1º de setembro de 2005

No Brasil de Zé Hamilton

———— → ← ————

— Fala, Zé!
Do alto dos seus 70 anos de vida e cinqüenta de reportagem, aquele senhor magro, de cabelos brancos, fala mansa e modos quase simplórios, reluta em subir ao pequeno estrado armado no Sítio Sanhaço, em Sarapuí, no velho interior paulista, onde os amigos lhe prestam uma singela homenagem.
— Olha, pessoal, de tudo o que já vivi neste tempo todo de jornalista, posso dizer a vocês que aprendi duas coisas. A primeira é que não existe azeitona preta. Só tem azeitona verde no pé, no máximo marronzinha. O resto é azeitona tingida. Outra coisa: é sempre da torneira da esquerda que sai a água quente. Obrigado.
E foi tudo. Este jeito de ser e falar é próprio de José Hamilton Ribeiro, o maior repórter brasileiro da nossa geração, que há 25 anos conta suas reportagens no programa *Globo Rural*, da TV Globo, depois de ter passado pelas principais redações do país, a começar pela revista *Realidade*. Lá ele se celebrizou na cobertura da guerra do Vietnã, que lhe custou

a perna ao pisar em terreno minado, mas não lhe tirou o tesão de prosseguir percorrendo o Brasil e o mundo em busca de boas histórias.

Zé Hamilton, ou Zé *Parmito*, como o chamam os amigos mais antigos, é um caso típico em que a obra se confunde com o autor. Circulando entre uma roda e outra de amigos no galpão do sítio de Hebe e Humberto Pereira, o eterno diretor do *Globo Rural*, Zé passa a tarde toda contando histórias com a mesma simplicidade das suas reportagens publicadas nos jornais e nas revistas ou narradas em *off* na televisão há meio século.

Não é tão incomum um jornalista chegar aos 70 anos e continuar trabalhando na imprensa. Raríssimo – e acho que se trata de um caso único – é um jornalista completar cinqüenta anos trabalhando como repórter, a atividade mais generosa e ao mesmo tempo mais arriscada e desgastante da profissão. Mais do que isso: é ele continuar falando do seu mais recente trabalho com o mesmo entusiasmo, como se fosse a primeira reportagem da longa carreira.

Só de ver a alegria do Zé Hamilton lembrando seus causos para os amigos, cercado da família e de toda a equipe que o acompanha há tanto tempo pelos fundões do Brasil, já teria valido a viagem, sem falar na fantástica costela que passou sete horas assando na churrasqueira e no tempero das pernas de carneiro. Por uma dessas bonitas coincidências da vida – serão mesmo coincidências? –, estava lá para animar a festa o lendário sanfoneiro e compositor Mário Zan, que já tocava quando Zé Hamilton começou a escrever, entre outros músicos e cantores que o repórter foi conhecendo pelo caminho.

Aos 84 anos, mas com a animação de um cara muito mais novo, Mário Zan é o Zé Hamilton da música brasileira. Ambos são de natureza mais rural do que urbana, adoram o que fazem – e fazem questão de não se dar muita importância. Ao contrário das estrelas autobiográficas que infestam tanto o jornalismo como a música, do que os dois gostam mesmo é de elogiar os outros, contar as façanhas dos amigos, não as deles. No Brasil de Zé Hamilton, o papo é outro.

Aqui tudo é história, a começar pelo próprio Sítio Sanhaço que Humberto Pereira comprou do Henfil, como ele conta no detalhado roteiro enviado aos amigos para não se perderem no caminho. "Originalmente, era um pequeno armazém do seu Campolim Machado. Está na margem direita do rio Itapetininga. Do outro lado, já é o município de Itapetininga. Uma grande fazenda que virou assentamento de reforma agrária (Assentamento Carlos Lamarca). Nessa fazenda, ninguém mais se lembra, nasceu Júlio Prestes, alijado de nossa história pela Revolução de 30. Era para ter sido presidente. Virou estação de trem em São Paulo e a estação virou sala de concertos de renome mundial."

Como Zé Hamilton, Mário Zan também é movido a histórias e paixões. A maior delas, depois de cinco casamentos, é pela Marquesa de Santos, cujo túmulo, no Cemitério da Consolação, visita regularmente para depositar flores. Gosta tanto da história da marquesa que até comprou um túmulo em frente ao dela "para o caso de algum dia vir a morrer".

No final do dia, ao pegar a estrada para Itapetininga, depois para Guareí, a caminho da minha pequena e querida Porangaba, vendo aquele sol de inverno, vermelhão, enorme, caindo para os lados da serra de Botucatu, dá até a impressão de que passei algumas horas fora do Brasil – embora não haja nada mais brasileiro do que aquela gente e aquelas terras, onde a vida não corre assustada e triste na onda das notícias despejadas pela crise na internet. A vida, afinal, também é feita desses dias e de personagens como José Hamilton Ribeiro e Mário Zan. Se nascesse de novo, gostaria de ser qualquer um deles.

8 de setembro de 2005

Toda segunda-feira

———— → ← ————

É BATATA: TODA SEGUNDA-FEIRA DE MANHÃ, toca a campainha, é ele. Meu amigo E. não falha.

— E aí? Alguma novidade? – pergunta ele sempre a mesma coisa, com a mesma cara de quem já nem espera uma resposta positiva.

Desde o começo do ano, E. está desempregado. Não acha nem um *frila*, um biscate, um bico para fazer. Está parado, parado, literalmente, sem dinheiro para nada, as dívidas no banco só aumentando, contas vencendo. E já estamos em setembro.

Engenheiro eletrônico, especializado em montagem e manutenção de sistemas de informática, já trabalhou em grandes empresas, tem um bom currículo, mas passou dos 50 anos, o que dificulta tudo. Como conheço muita gente, procuro ajudá-lo. Todo mundo já vai logo avisando que é difícil, sabe como está o mercado, com essa idade..., essas coisas.

Há duas semanas, E. chegou a ser aprovado pelo diretor, com entusiasmo diante dos resultados, nos testes de uma empresa de médio porte. Mas, na hora de ser contratado, explicaram-lhe que havia um problema: seu nome estava inscrito na Serasa (a temível sigla que faz a lista negra de quem está com o nome sujo nos bancos por dívidas atrasadas) e a empresa tem por norma não admitir funcionários nessa condição.

E. chegou na encruzilhada do desemprego com a inadimplência: sem arrumar emprego e ganhar um salário, como vai ter dinheiro para limpar seu nome e ser novamente contratado? Lembrei na hora de um episódio que aconteceu nos anos 1970, no *Estadão*, o maior e mais importante jornal brasileiro na época.

Um jornalista de excelente currículo que indiquei à chefia foi reprovado no exame médico e teve a contratação vetada pelo chefe do departamento de pessoal, como era chamado antigamente o setor de recursos humanos.

O motivo era bem prosaico: o candidato tinha sérios problemas nos dentes. Precisaria fazer um longo e caro tratamento para poder ser contratado. Era, de certa forma, o mesmo problema de E.: se não arrumasse um emprego, como conseguiria dinheiro para tratar dos dentes?

Naquele tempo, as empresas também tinham lá suas normas, mas o chefe do pessoal aceitou meus argumentos e M. foi contratado pelo jornal, onde prestou bons serviços por vários anos.

Como nunca fiquei sem trabalho nos últimos quarenta anos, graças a Deus, levei algum tempo para me dar conta da dimensão do drama pessoal de quem faz parte das estatísticas de não sei quantos milhões de brasileiros que começam e terminam as semanas, uma após a outra, sem salário.

A questão financeira, claro, é um dos desafios de quem se encontra nesta situação, mas não o único. Aos poucos, a pessoa vai se sentindo rejeitada, humilhada, duvida da própria capacidade, desanima. Com a mulher também sem trabalho, depois de distribuídos currículos para Deus e todo mundo, ficam os dois em casa, um olhando para a cara do outro, esperando algum retorno.

De nada adianta ler no jornal que nos últimos dois anos e meio foram gerados no Brasil mais de três milhões de empregos com carteira assinada. Pode ser até pior para quem não consegue sair da lista dos desempregados: se tanta gente consegue trabalho, por que não ele?

Quando o salário pára de pingar no fim do mês, primeiro cortam-se os supérfluos, depois deixa-se de pagar prestações do carro, dívidas e empréstimos bancários. Fica-se até com medo de o celular tocar: são sempre cobradores, cada vez mais impacientes. Mais adiante atrasa-se o condomínio, e as contas básicas da casa, e aí a coisa começa a ficar literalmente preta. Recebe-se a ameaça de corte de gás, de luz, de água.

Para enfrentar as ameaças, E. precisava ir ao interior para vender a única vaca que sobrou em sua pequena propriedade recebida de herança. Detalhe: na iminência de perder o carro, agora não tinha dinheiro nem para a gasolina. De novo, entra-se no círculo vicioso. Sem dinheiro para ir vender a vaca, como conseguir dinheiro para pagar as contas mais urgentes?

No início dos anos 1980, quando a questão do emprego começou a se agravar no Brasil, recebi a tarefa de fazer uma reportagem sobre a vida de quem vive sem salário. Como sobrevive a família em que um casal, com filhos pequenos, está desempregado?

A idéia da chefia da reportagem da *Folha* era acompanhar um dia na vida de alguém com nome e endereço, já que as estatísticas mostrando índices de desemprego crescentes, mês a mês, não sensibilizavam mais ninguém.

Para encontrar essa família, fui pedir ajuda ao padre Fernando Altmeyer, na periferia da zona leste da cidade, um jovem habituado a conviver com a extrema miséria paulistana desde antes de sua ordenação (aliás, motivo de grande festa em São Mateus, que rendeu uma boa reportagem para o jornal na época).

Fernando já deixou a batina, casou-se, mas nunca vou esquecer daquela história, que agora me volta à lembrança ao ver o desespero silencioso e quase conformado do meu amigo E.

Era uma situação-limite. A família que me foi apresentada só sobrevivia graças à ajuda da igreja e de vizinhos, pobres como eles. As prateleiras e as latas de mantimentos vazias, a tristeza estampada no rosto de cada um. A mesa em torno da qual nos sentamos, sem nada em cima, vazia de tudo. Confesso que poucas vezes na carreira me senti tão mal no ofício de repórter. Tinha até vergonha de fazer perguntas.

Depois de algumas horas ali, virei para o fotógrafo Jorge Araújo, meu velho parceiro de reportagem, e perguntei quanto ele tinha no bolso. Juntei com o que eu tinha, deixei com eles e fomos embora. Como dizia um tio-avô meu, isso era o mínimo que a gente poderia fazer. De que jeito, simplesmente, agradecer a acolhida e a entrevista, e ir embora? Naquele dia, pelo menos, eles poderiam se permitir um bom jantar.

Mas não foi só naquele dia. No final da semana em que o jornal foi às bancas – uma página inteira contando a história deles, com uma grande fotografia no meio, mostrando a família em torno da mesa vazia –, ligou-me o então padre Fernando, feliz da vida. Começou a chegar tanta oferta de emprego, comida e outras benfeitorias, que a reportagem ajudou a resolver não apenas o problema daquele casal, que logo conseguiu trabalho, mas de muitas outras famílias no bairro na mesma situação. A igreja de Fernando ficou abarrotada de ajuda de todo tipo.

Quer dizer, não é que faltam empregos, gente disposta a ajudar, um sentimento de solidariedade sobrevivendo na população. O problema todo era colocar pessoas em lugar dos números, aproximar os dois mundos de quem tem e de quem não tem – coisa simples para quem trabalha em jornal, mas vital para as pessoas que vão perdendo as esperanças à medida que o tempo passa e deixam de confiar nelas mesmas.

É o que sinto a cada segunda-feira, quando meu amigo E. vai embora como chegou, sem novidade. Fica uma tremenda sensação de impotência por não ter podido ajudá-lo, nem ele ter ainda qualquer perspectiva de trabalho em vista.

Quem sabe até a próxima segunda-feira não pinta alguma novidade?

15 de setembro de 2005

A noite da viola e o repórter que ficou de fora

——— → ← ———

NA LINHA DO "VAMOS VER SE A GENTE MUDA DE ASSUNTO", proposta pelo nosso editor Alfredo Ribeiro, também conhecido por Tutty Vasques, prometo não falar nem dos Jeffersons, nem dos Severinos, nem das assombrações todas emanadas de Brasília nos últimos meses. Como ele, também acho que ninguém agüenta mais ouvir ou ler sobre um único assunto, como se não houvesse outros para a gente tratar.

Por isso, prefiro contar aos leitores o que vi e ouvi, a uns 200 quilômetros longe de Brasília, na bucólica e acolhedora Goiânia. Fui até lá a convite do Sindicato dos Jornalistas para falar sobre o nosso ofício a profissionais e estudantes de comunicação. Conversa pesada, claro, nestes momentos de crise, que se estendeu até o coquetel oferecido após o debate. Jovens perplexos com tudo pedem uma bússola, um norte, que eu também procuro. Lá pelas tantas, cercado de gente e de perguntas, veio a salvação.

Edson Wander, repórter do caderno de cultura do jornal *O Popular*, veio com uma proposta que é igual a oferecer salsicha para cachorro:

— Ô, Kotscho, você não quer ir com a gente ouvir um show de viola?

Não precisou perguntar duas vezes. O presidente do sindicato, Luís Spada, jovem muito animado, também gostou da idéia, reuniu logo um grupo, e lá fomos nós para o Spaço Ville. Apesar do nome meio afrescalhado, trata-se de bar-galpão bem popular, num bairro meio afastado, que não conhecia, a Vila Nova. Era a estréia do show *Viola e Canto*, tema de uma alentada reportagem de página inteira escrita por Wander na capa do segundo caderno do jornal daquele dia.

Frustração total: quando chegamos lá, pouco depois das dez da noite, os portões de ferro já estavam fechados, como acontece nos estádios de futebol em dia de clássico com casa cheia. Lá dentro, não havia mais cadeira vazia, e a cerveja já estava acabando. O dono do lugar, Lucas Faria, que também é músico, veio explicar o que estava acontecendo às pessoas que não paravam de chegar do outro lado do portão.

— A gente não esperava tanta gente...

Tentei explicar a ele que o principal "culpado" por aquela superlotação era o amigo repórter a meu lado, o Wander, que não se conformava de ficar de fora logo do evento que ele mesmo ajudou a promover. Lucas, condoído com o argumento, ficou de providenciar mesas e cadeiras extras numa casa vizinha, pediu uns engradados de cerveja emprestados e, finalmente, conseguimos nos acomodar para ouvir o som da dupla PH da Viola (Paulo Henrique Lourenço, goiano) e Seninha (José Arsênio de Oliveira, mineiro), que já rolava havia quase uma hora.

Como me explicou o Wander, existem dezenas de violeiros e cantadores "purinhos", na expressão de Rolando Boldrin, que vagam sem reconhecimento e espaço por Goiânia. A casa estava cheia porque aquela era noite de abertura do primeiro, talvez único espaço que promete dedicar uma de suas noites para a música de viola.

"Mas esse povo não chia das dificuldades, ao contrário", foi me contando o repórter, enquanto a dupla enfileirava no palco, uma atrás da outra, sem intervalos, alguns dos mais belos clássicos de Tião Carreiro e Pardinho ("Encantos da natureza"), Almir Sater ("Trem do Pantanal"), Renato Teixeira ("Amanheceu, peguei a viola"), Rolando Boldrin ("Eu, a viola e Deus"), Pena Branca e Xavantinho ("Vaca Estrela e Boi Fubá", de Patativa do Assaré) –, além dos pedidos da platéia, que eles foram atendendo à medida que a noite avançava e ninguém arredava pé.

Lucas, o dono, até instalou uma aparelhagem de som nova, mas resolveu cobri-la com uma caixa acrílica fechada, trancada mesmo, "para evitar que os abelhudos que sobem no palco para cumprimentar os cantores ou pedir música metessem a mão nos botões". A calibragem do som só era feita de tempos em tempos, mas deu certo. Deu até para ouvir um bom som e conversar ao mesmo tempo, coisa rara hoje em dia. Assim, fiquei sabendo que esses músicos sem fama vão remando sozinhos, produzindo seus discos de forma independente, tocando onde dá e mendigando uma *palhinha* nas rádios.

"O que você está ouvindo é a trilha sonora do Cerrado perdida na poeira de *2 filhos de Francisco*", diz Wander, referindo-se ao filme sobre a vida da família de Zezé de Camargo e Luciano, dois goianos que romperam a barreira do anonimato graças à determinação do pai e, depois de ultrapassarem a marca de 20 milhões de discos vendidos, agora batem recordes de bilheteria nos cinemas de todo o país.

Um dos responsáveis pelas novas duplas "purinhas", que ainda cantam músicas antigas do cancioneiro popular, é Zé Venâncio, antigo violeiro da capital. Produtor e arranjador, ele vem abrindo espaço para artistas que vendem seus discos de mesa em mesa. Como fez Nilo Alves, antes de subir ao palco à uma da manhã, quando PH da Viola e Seninha encerraram seu repertório de modas caipiras, depois de três horas e meia sem parar de cantar.

"A música de Nilo Alves é feito mala de viagem em porta-mala de ônibus lotado. Vem de longe, cheia de badulaques. Vem disputando espaço, arranhando, sendo arranhada. Resulta de uma longa viagem que começou lá na Bahia, passou por Goiás, chegou ao Tocantins e vai cumprindo a sua sina de andarilho, se influenciando e influenciando naturalmente pela paixão com que o artista leva o ofício", escreveu o produtor musical Rinaldo Barra, no disco *Solos da Terra*, que comprei das mãos do artista por módicos dez reais.

Com o patrocínio da Fundação Cultural do Tocantins, o CD de Nilo Alvez revela novos compositores, além dele mesmo. "Hê que a vida é feito um desatino/Quanto mais corre a idade, mais se quer ser menino", canta ele na parceria feita com Navegante, Enio Sá e o dono do bar, Lucas Faria.

Por falar nisso, quando sugeri ao editor do Caderno B do *Jornal do Brasil* – lá por meados dos anos 1980– escrever uma reportagem sobre a dupla Chitãozinho e Xororó, novo fenômeno musical que estava pintando nos grotões do país e chegando às cidades maiores, ele logo descartou a idéia.

— Nem pensar... Lá vem você de novo com essa história de dupla sertaneja. Isso só interessa a paulista caipira... – desdenhou o editor, o nosso caro Zuenir Ventura.

A reportagem acabou saindo num fim de semana em que ele estava de folga e seu sub, o caipira paulista Paulo Adário, resolveu bancar a matéria e publicá-la no mais carioca e cosmopolita dos jornais brasileiros, ao menos naquela época. Zuenir deve ter ficado bravo com a gente. Mas uns seis meses depois, Chitãozinho e Xororó estavam se apresentando no palco sagrado do Canecão, no Rio de Janeiro.

Quem mora em Goiânia ou está por perto pode conferir se estou falando a verdade. Mas é bom chegar cedo ao SpaçoVille, antes que os portões se fechem e a cerveja acabe. Tem coisa nova e boa acontecendo neste país, apesar de tudo.

★★★

Mais de trinta leitores me enviaram mensagens comentando a coluna anterior "Toda segunda-feira". A maioria para relatar que está passando por drama semelhante ao do meu amigo E., que está à procura de trabalho. Vários desses desabafos foram colocados na seção Fala Leitor aqui do *site*.

Para ninguém desanimar, preciso registrar também que oito leitores se dispuseram a ajudar E., solicitando-lhe o currículo. Ao contrário do que aconteceu o ano inteiro, na última segunda-feira, quando E. chegou em casa, dessa vez tinha novidades para ele, sim, graças à solidariedade dos leitores. Obrigado a todos.

21 de setembro de 2005

Descobrindo São Paulo

———— ➤ ◄ ————

Antes, eu morava em Brasília e a família aqui, em São Paulo. Viajava quase toda semana e já não agüentava mais aquela rotina de hotel–aeroporto–avião–hotel–aeroporto–avião–hotel. O pior de tudo é viajar e, ao retornar, em vez de ir para casa, voltar de novo para o quarto de hotel, sozinho.

Fui parar em tantas cidades e países que hoje já nem me lembro mais de todos os lugares onde estive entre 2002 e 2004. Às vezes, acordava e não tinha idéia de onde estava, o que fazia ali, como fui parar lá. Levava algum tempo para me situar, quase ao ponto de ligar para a portaria do hotel e perguntar: "O senhor poderia me informar onde estamos?"

Essa roda-viva, que durou três anos, entre campanha e governo, me deixou meio zonzo e morrendo de saudade da família, da casa, dos amigos, da minha cidade. Por isso, agora, estou achando ótimo ficar em casa, trabalhar em casa, receber os parentes e amigos em casa.

Não quero mais sair de casa. Em quase quarenta anos de casado e mais ainda de profissão, é a primeira vez que almoço e janto com minha mulher quase todo dia e dormimos na mesma cama quase toda noite.

Demorei um pouco para descobrir os encantos da vida conjugal – e posso garantir a vocês que está sendo ótimo. No começo, achava que ia dar muita briga, a gente ia se estranhar, porque não estava acostumado a ficar tanto tempo junto, já que a Mara também trabalha em casa. O maior problema dela é justamente me convencer a sair de casa.

Tenho feito também outras belas descobertas. Por exemplo, embora tenha nascido e a maior parte da vida morado em São Paulo, só agora fui conhecer a beleza imensa que é o Parque do Ibirapuera, um projeto de Oscar Niemeyer plantado em comemoração ao quarto centenário da cidade, no ano de 1954.

Claro que estive no Ibirapuera muitas vezes antes, mas era para trabalhar – fazer reportagens no gabinete do prefeito, que foi tirado de lá pela Luiza Erundina, ou no prédio da Bienal, que continua funcionando no parque. Pela primeira vez, agora, há poucas semanas, fui conhecer o Ibirapuera a passeio – e descobri que o nosso parque não fica devendo nada aos mais bonitos que conheci no mundo todo, do Hyde e do Central Park à enorme praça da Universidade de Bonn, na Alemanha, onde morei, muitos anos atrás. Vai ver que é isso: quando a gente está fora do país, com tempo, dá mais valor aos parques.

Acho que eu sou o último paulistano a descobrir o Ibirapuera, constatei ao cruzar com tanta gente nos meus passeios matinais, agora obrigatórios, graças às ordens da Mara e do médico ou vice-versa. Dizem que para velho não tem nada melhor do que fazer uma caminhada todos os dias. É o melhor remédio. Deve ser verdade mesmo.

Engraçado que, quando vou ao Rio, estou habituado com aquelas multidões caminhantes que tomam a orla da zona sul todas as manhãs – e tardes e noites. Mas aqui em São Paulo nunca tinha visto tanta gente andando junta, apenas passeando, a pé ou de bicicleta. Todas as vezes que encontrei o inseparável casal Mary e Zuenir Ventura (não passo uma coluna sem falar dele...), no Rio, eles estavam a pé, passeando, e sempre senti muita inveja disso.

Em São Paulo, também dá para levar uma vida saudável. Basta querer. O problema é que muitos paulistanos, como eu, botaram na cabeça que a vida é só trabalho, têm que sofrer para ganhar o pão de cada dia, e se sentem vagabundos se fizerem qualquer outra coisa no horário comercial.

Percebo isso pela cara das pessoas com quem cruzo no parque. Mesmo caminhando ou correndo, mais ou menos depressa, parecem tensas, preocupadas, como se tivessem um objetivo a alcançar ou uma obrigação a cumprir – ao contrário dos cariocas, que parecem curtir cada segundo do seu passeio à beira-mar, sem ficar olhando para o relógio. É verdade que no Rio tem mar, isso ajuda...

Quase ninguém, por exemplo, repara no Bastião Sanfoneiro, uma das figuras folclóricas do parque, que há anos alegra os passeios com suas músicas tão antigas quanto seu instrumento. O pandeiro, que faz as vezes de cofrinho para quem quiser dar uma ajuda, está sempre mais para vazio.

As pessoas talvez até ouçam a música, mas, apressadas, nem olham para ele, quanto mais enfiar a mão no bolso. Certa vez, quando parei para conversar com Bastião, ele até levou um susto.

Problema de cada um. O fato é que o Ibirapuera está muito bem cuidado, tem equipamentos esportivos e brinquedos para todas as idades, os lagos estão limpos e tem até uma ambulância e médicos à disposição durante todo o dia. Dia desses, um homem mais ou menos da minha idade caiu duro próximo a gente. Num instante, vieram acudi-lo. O homem foi salvo. Isso me deixou mais tranqüilo, nunca se sabe...

Num sábado, em vez da caminhada no Ibirapuera, minha mulher me carregou até o velho Mercado Central, um prédio em estilo neogótico projetado por Ramos de Azevedo, na rua da Cantareira, reformado recentemente pela prefeita Marta Suplicy, beleza de lugar que eu também ainda não conhecia depois das mudanças. Desde o começo do ano, a gente estava com esse plano, mas levei nove meses para criar coragem.

Como tudo o que acontece de bom em São Paulo, porém, ir ao mercado tem também um pequeno problema: parece que a cidade inteira acordou com a mesma idéia. Levamos horas no trânsito para conseguir chegar lá. O entorno do mercado é caótico, com carregadores tropeçando em camelôs, lojas de roupas e de brinquedos apinhadas de gente que vem do interior em ônibus de excursão.

Para entrar, é preciso pedir licença aos transeuntes, como para chegar às praias cariocas em dias de sol no alto verão. Nem sei se o congestionamento de gente lá dentro não era até maior do que o de carros no caminho.

Mas vale a pena enfrentar o trânsito e a multidão. Não me lembro de ter visto em nenhum outro lugar do mundo, nem mesmo em Paris, tanta variedade de frutas e verduras, peixes e queijos, frios e comidas em geral, com tanta qualidade, bonito mesmo de ver.

Além dos bares tradicionais, como o do Mané, da tonelada de mortadela no sanduíche, e do Hocca, da tonelada de bacalhau desfiado no pastel, tem agora também uma grande área de restaurantes no andar de cima. No de baixo, um restaurante do tradicional Empório Chiapetta, especializado em bacalhau, que vale a pena conhecer – o restaurante e o dono do mesmo nome. Tudo muito limpo, bem cuidado. Se não fossem as filas para tudo... Ah, as filas paulistanas... – não fossem elas, não seria São Paulo...

★★★

Para quem mora em São Paulo e escreve num *site* baseado no Rio, foi surpreendente a quantidade de correspondências eletrônicas que recebi de vários estados comentando a coluna "A noite da viola e o repórter que ficou de fora". Entre elas, vale destacar o e-mail de Helena Cantizano, que me enviou reportagem do *Jornal da USP*, com uma notícia boa da qual nunca tinha ouvido falar, embora seja de agosto de 2004: "A viola entra na academia".

Em texto de Miguel Glugoski, fiquei sabendo que o violeiro e compositor Ivan Vilela é o primeiro professor de viola caipira em curso superior, no Departamento de Música da Universidade de São Paulo, em Ribeirão Preto. Conta Glugoski sobre este outro Brasil que não sai nos jornais:

> A viola é o Brasil. Sobretudo o Brasil do campo. O Brasil caipira. Por isso se chama viola caipira. A de cinco ordens, ou cinco pares de cordas. Dez, portanto. De metal, mas podem ser de náilon ou de tripa de mico. Pela origem, a viola é, também, a síntese de muitas culturas: "A viola tinha pais portugueses, o violão tinha pais espanhóis, ambos eram netos de mouros e bisnetos de hebreus", escreveu o violeiro e compositor Gustavo Pinheiro Machado (pai da aviadora Grésia Pinheiro Machado). E a viola caipira, que faz algum tempo freqüenta novelas e dá ares nacionais a bandas de rock, agora ganha status universitário com um curso de graduação na forma de Bacharelado em Instrumento.

6 de outubro de 2005

Bang bang no Spa São Pedro

———— ⇾ ⇽ ————

COMEÇOU O TIROTEIO. Antes de completar sua primeira semana no ar, *Bang bang*, a nova novela da Globo, já está provocando uma polêmica danada. Ambientada na imaginária Albuquerque, uma cidade de faroeste do século retrasado, a história do meu amigo Mario Prata já provocou a ira da "bancada da bala", como são conhecidos os deputados da Frente Parlamentar pelo Direito da Legítima Defesa, que defende o "não" à proibição do comércio de armas.

Bang bang trouxe de volta à TV o humor cáustico de Prata, no melhor estilo de Henfil e Angeli, mas os nobres parlamentares não acharam graça nenhuma e entraram logo com um pedido de liminar para suspender a exibição da novela. No comando da tropa a favor do comércio de armas no país, o deputado Alberto Fraga (PFL-DF), alegou que o autor declarara em entrevista ser a favor do "desarmamento social", como se alguém pudesse ser contra. Além disso, alega, a novela comete o crime de colocar no cenário placas como "aqui não usamos armas" e "proibido o uso de armas".

É incrível como, nos turbulentos dias em que vivemos, ficção e realidade se confundem em nosso país. Outro notório defensor do bangue-bangue tupiniquim, na vida real, o dublê de militar e deputado federal Jair Bolsonaro (PP-RJ), mesmo admitindo que ainda não teve tempo de assistir à novela, não viu e não gostou. Saiu em defesa de Fraga e partiu para o ataque à TV Globo, por ser a emissora, segundo ele, favorável ao desarmamento.

Por coincidência ou não, sei lá, a novela estreou na mesma semana em que começou a campanha do referendo na televisão. Se a "bancada da bala" está preocupada com a influência do folhetim sobre a população, de outro ganhou a generosa contribuição da revista *Veja*, que, em editorial de capa – um caso, que eu saiba, inédito na imprensa brasileira –, apresentou sete motivos em defesa do voto no "não".

No meio desse barulho todo, lembrei que vi nascer essa novela em dezembro de 2004. Sem ninguém combinar nada, encontrei Pratinha, como é chamado pelos conhecidos, no Spa São Pedro, em Sorocaba, no interior de São Paulo. A simples presença dele, um sujeito magro que beira ao raquítico, num spa, lugar onde as pessoas fazem enormes sacrifícios para perder peso, já era de chamar a atenção. O motivo da sua estada, então, deixou a mulherada mais assanhada: todas queriam saber em primeira mão como seria a nova novela.

Junto com Prata, estava hospedado no spa outro amigo, o jornalista-escritor Fernando Morais, que também tem o hábito de se internar lá para poder escrever. Ao mesmo tempo em que um começava a montar sua história, o outro estava terminando de escrever seu mais recente *best-seller*, *Na toca dos leões*, a biografia autorizada do publicitário Washington Olivetto e da sua premiada agência, a W/Brasil.

Fernando e Pratinha já tinham se cruzado lá outras vezes, com o mesmo objetivo de poder escrever em paz. Embora o biógrafo, ao contrário do autor da novela, bem que necessitasse entrar na programação do spa para perder peso, os dois não faziam outra coisa a não ser passar o dia trancados no quarto, escrevendo.

Só saíam para comer – pouco, é claro. Pratinha até já publicou dois livros muito engraçados sobre o mesmo tema – *Diário de um magro* – para contar como é a vida no spa e as estripulias de seus robustos personagens para contrabandear comida para dentro do São Pedro – todas frustradas pela implacável equipe do doutor Chico, o médico responsável pelo cumprimento das regras.

Já que era assim, também resolvi alugar um computador para poder escrever. Tinha acabado de voltar de Brasília, depois de dois anos trabalhando no governo. Só pensava em descansar, me desintoxicar, e aproveitar para emagrecer um pouco. Governo, como se sabe, não faz bem à saúde. Falei aos dois do plano de escrever um livro de memórias sobre os meus quarenta anos de jornalismo, que acabara de completar, em outubro de 2004, pegando o período que vai do Golpe de 64 à vitória de Lula, que levou muitos da minha geração ao Palácio do Planalto.

Os dois me deram algumas dicas e comecei ali mesmo a preparar uma sinopse do livro. Diante disso, achei-me no direito de também dar uns pitacos no livro de Fernando e na novela do Pratinha.

A novela já estreou com boa audiência e muita polêmica, o livro do Fernando entrou na lista dos mais vendidos antes de a Justiça determinar sua apreensão, resultado do processo movido pelo deputado Ronaldo Caiado (PFL-GO), e eu ainda às voltas com as minhas memórias.

O drama é que, quando se é jovem, tem-se boa memória, mas faltam histórias para contar; mais velho, tem-se muitas histórias, mas a memória já não ajuda. Consolo-me ao lembrar que Mario Prata levou vinte anos para levar sua história ao ar – exatamente o tempo que passou desde a novela

Um sonho a mais, seu último trabalho para a televisão. Quando pensou pela primeira vez na trama de *Bang bang*, ele não sabia se seria uma peça de teatro, uma minissérie ou um filme. Quem o convenceu a desenvolver a história para uma novela, no ano passado, foi Luiz Fernando Carvalho, o ousado diretor da Globo, que bancou a idéia junto à emissora.

Contemporâneos no jornalismo e cúmplices em outros caminhos pela vida, Pratinha, Morais e eu tomamos rumos diferentes na carreira. Eles conquistaram há muito tempo a liberdade de trabalhar por conta própria, sem chefe nem patrão, fazendo seus próprios projetos e horários, e me animaram a fazer o mesmo. Como diz o bordão da propaganda, poder trabalhar de bermuda e chinelo, fazendo só o que gosta, sem ter ninguém no cangote te cobrando, poder ver a neta todo dia, não tem dinheiro que pague.

Se bem que, dependendo da safra e da tarefa, não é sempre assim. Fernando, naquele final de 2004, estava agoniado porque vencera havia tempos o prazo para entregar o livro. Pratinha, mesmo com a retaguarda global, que lhe forneceu meia dúzia de auxiliares, tem que dar conta agora de entregar umas quarenta páginas por dia, e novela tem dia e hora para entrar no ar. Eu mesmo, que recebi um adiantamento da Companhia das Letras para poder trabalhar no livro, descobri outro dia que está chegando o final do ano, prazo para entregá-lo pronto ao editor.

É verdade que o editor, Luiz Schwarcz, outro velho companheiro de muitos livros e histórias comuns, levou seis anos para publicar a sua primeira obra para adultos, *Discurso sobre o capim*, lançado no mês passado – assim mesmo porque foi implacavelmente cobrado pela própria filha, que trabalha com ele.

Essas coisas, como diria o Tutty Vasques, a "banca da bala" não vê.

13 de outubro de 2005

Quatro anos de insanidade

———— ➔ ← ————

PODE TER COISA MELHOR DO QUE SÓ FAZER O QUE SE GOSTA, divertir-se com o que faz, divertir os outros, lotar platéias, viajar pelo país afora, sair aplaudido e, ainda por cima, ganhar dinheiro com isso para pagar as contas no final do mês?

Em novembro, a trupe da *Terça insana*, comandada pela atriz e diretora Grace Gianoukas, completa quatro anos de sucesso, provando que isso é possível, sim. Durante todo o próximo mês, eles vão comemorar esta façanha rara no teatro brasileiro.

Sempre às terças-feiras, às 22 horas, a cada semana com um tema diferente e novos textos escritos por eles mesmos, inspirados em fatos do cotidiano, esses seis jovens comediantes se apresentam no Avenida Club, no bairro de Pinheiros, em São Paulo. Nos outros dias, fazem turnês pelo Brasil e até em outros países.

Na última semana, o grupo apresentou um espetáculo extra, com o tema "Se arrependimento matasse", aproveitando o feriado de quarta-feira, que também lotou os 500 lugares do Avenida Club. Mais de 280 mil pessoas já assistiram à *Terça insana*, um sucesso de público que Grace Gianoukas não poderia nem sonhar quando teve a idéia de reunir alguns colegas num pequeno bar-café, cabaré anexo ao Teatro N.Ex.T, no centro da cidade.

Depois da apresentação de quarta-feira, Grace circulava feliz como criança entre os espectadores, puxando sua mala de rodinhas pelo saguão da casa de espetáculos, a caminho de mais uma viagem com a trupe. Sempre a mil por hora, como se estivesse permanentemente no palco representando seus muitos personagens, para ela toda terça é como se fosse noite de estréia.

No final de 2001, em vez de ficar se lamentando pelos cantos, a exemplo de tantos dos seus colegas que viviam reclamando da falta de incentivos dos governos e de patrocínios, ela teve uma idéia e foi à luta. É melhor que ela mesma conte como foi que tudo começou:

"Pensei em criar uma noite em que os atores que trabalham com humor pudessem trocar figurinhas, mostrando suas idéias naquele pequeno palco. Terça-feira seria ideal, pois é a noite de folga dos espetáculos. Atores criativos e talentosos, que eu conhecia, tinham perdido espaço por não se encaixarem na estética pasteurizada que dominou a cena teatral nos anos 1990. Sentia isso na própria pele e sabia que devia ter muita gente tendo idéias sem espaço para experimentá-las, além, é claro, de toda uma nova geração que vinha surgindo".

A regra que ela mesma estabeleceu foi jamais repetir o mesmo show e, a cada semana, receber novos convidados. Os primeiros quatro parceiros a embarcar nesta canoa foram os atores-autores Marcelo Mansfield, Octávio Mendes e Roberto Camargo, chamados por ela de "criativos, compulsivos e geniais", além de Ilana Marion, que cuidava da produção.

"Com o apoio dos irmãos Rocco, proprietários do N.Ex.T, e da equipe da casa, começamos a insanidade. Em um mês, estávamos lotando, o boca-a-boca atravessou a classe artística e viramos um espetáculo *cult*. A imprensa ouviu falar, foi conferir, noticiou e a idéia se espalhou pela cidade. O espaço logo ficou pequeno", lembra ela no texto de apresentação do DVD de 153 minutos do *Terça insana*, que vendeu mais de 15 mil cópias em menos de um ano.

Vários atores passariam pelo elenco nestes quatro anos. Além de Grace, a formação atual é composta por Ilana Kaplan, Luis Miranda, Marcelo Mansfield, Roberto Camargo e Octávio Mendes. A cada semana, eles alternam seus personagens.

Para dar uma idéia do que se pode esperar: Grace pode ser uma estrela de cinema internacional dependente de Lexotan, uma traficante de drogas ou uma mulher normal; Ilana alterna uma modelo gaúcha com a presidente da Liga do Fumo, que mostra os benefícios do cigarro; Miranda vai de mulher muito rica, líder comunitária ou senhora idosa; Mansfield já foi travesti de segundo escalão, lourinha sem graça e médio executivo; Camargo, o mestre-de-cerimônias do espetáculo, papel que ele já não agüenta mais, é também garoto *clubber* e *promoter*; Mendes faz sucesso como a cantora baiana Maria Botânica ou a cantora mais baixa do Brasil, a "rainha da baixaria".

O esquema do show é fixo: são breves esquetes em forma de monólogos que se sucedem, sem que um ator encontre o outro no palco. O cenário é o mais frugal possível, só com microfone de pedestal no meio do palco e jogo de luzes, mas funciona. "Cada um tem um modo diferente de trabalhar com humor. Temos o anti-humor, o improviso, a técnica, a bobagem, a sutileza, a inteligência, o *trash*, o *hardcore*. Tem ator que faz caricatura, tem ator que *recebe,* tem ator que ensaia, tem ator que se arrisca. Discutimos a sociedade, procurando o humor em situações inusitadas. As personagens que criamos, os temas abordados são tão amplos, que acabamos atingindo um público muito eclético", explica Grace.

Em lugar do humor baseado na humilhação de outras pessoas ou grupos sociais, tão comum na televisão, os atores da *Terça insana* debocham deles mesmos e brincam com a platéia. A lição que Grace tira desta experiência bem-sucedida pode servir não só à classe teatral, mas a todo mundo que, em vez de buscar uma saída, bota a culpa de tudo nos outros. "Jamais imaginei que tudo isso poderia acontecer. Mas chega uma hora em que não dá mais para discutir, reclamar ou fazer seminário. É preciso, simplesmente, fazer. E se ninguém vier assistir, paciência..."

Ainda não aconteceu isso. Mas se um dia o público vier a faltar, a impressão que dá é que a trupe da *Terça insana* vai se divertir assim mesmo.

20 de outubro de 2005

Baleias mortas

———— → ← ————

NA MADRUGADA DE QUINTA-FEIRA, 13, os pescadores de Toque-Toque Pequeno, na costa sul de São Sebastião, litoral norte de São Paulo, começaram a sentir um forte mau cheiro vindo do mar. Jazia na praia, decapitada, toda ferida, uma baleia da espécie *bryde*, com 12 metros de comprimento e pesando 15 toneladas.

Era um animal macho, de aproximadamente 8 anos, que teria morrido cinco dias antes, segundo a oceanógrafa Shirley Pacheco de Souza, do Instituto Terra & Mar e do SOS Mamíferos Marinhos.

De que morrem tantas baleias? Só de julho a outubro deste ano, dezenove chegaram mortas às nossas praias. Para a pesquisadora, essa baleia pode ter morrido atropelada por algum navio de grande porte, já que a região vive coalhada de petroleiros a caminho do terminal de São Sebastião. Mas elas também podem morrer presas em redes de grandes pesqueiros, encalhadas na maré baixa ou, é claro, de velhice mesmo, como qualquer um de nós.

Logo cedo, apesar do insuportável mau cheiro da baleia em "adiantado estado de putrefação", como diz o horrível jargão técnico, foi juntando gente, a maioria crianças, que estudam bem em frente à praia, na Escola Municipal João Gabriel de Santana. Os funcionários da Defesa Civil e da Prefeitura não demoraram a chegar, e logo começou a discussão sobre o que fazer com o cadáver.

Há um cemitério de animais marinhos na Praia Grande, junto ao Instituto Terra & Mar, mas acharam mais fácil enterrar a baleia ali mesmo, no meio da praia, em frente à escola e ao lado de um restaurante.

Com o auxílio de três máquinas enviadas pela Prefeitura de São Sebastião, uma enorme cova foi aberta. Já estava escurecendo quando resolveram dar por findos os trabalhos, e a baleia foi enterrada, diante de uma pequena platéia de curiosos. Só que a cova – de 1,50 metro de profundidade – ficou muito rasa para o tamanho do bicho, e o jeito foi jogar mais areia por cima do que sobrou do corpo. "Tinham que cavar um buraco de pelo menos três metros, mas a máquina não alcançava esta fundura", contou-me o amigo Antonio Carlos Meia, engenheiro e construtor, antigo morador de Toque-Toque Pequeno.

No dia seguinte, além do fedor que continuava em toda a praia, surgiu outra preocupação: qualquer ressaca mais forte poderia desenterrar a baleia. Além disso, os caiçaras, sempre desconfiados de tudo, temiam a contaminação do solo, ameaçando crianças e animais que sempre andam por ali.

Com as chuvas dos últimos dias, o mau cheiro diminuiu, mas o perigo ficou. A baleia logo foi esquecida pelas autoridades competentes. Não é algo inusitado na região. Em média, duas baleias morrem por ano no litoral de São Sebastião. Elas podem ser vistas principalmente junto ao Arquipélago de Alcatrazes.

Baleias *bryde* podem ser encontradas em todo lugar do mundo, geralmente em águas subtropicais e tropicais. No verão, elas aproveitam para se aproximar da costa. Não é baleia migratória, e se alimenta de sardinhas e anchovas, ensina a oceanógrafa.

Na mesma semana em que a *bryde* foi enterrada em São Sebastião, mais uma baleia, agora da espécie jubarte, foi encontrada morta no litoral baiano, segundo informações de Heliana Frazão, do *Globo Online*. Era um filhote de pouco mais de três semanas de vida, que encalhou nas águas da Praia de Ubatuba, em Ilhéus, no sul do Estado, região em que doze baleias já morreram encalhadas este ano.

De acordo com a nota divulgada pela agência, a Bahia é a principal rota de passagem das baleias neste período do ano e onde mais animais são encontrados mortos. Cinco baleias apareceram encalhadas no Espírito Santo, uma no Rio de Janeiro, uma em Santa Catarina e outra em Alagoas.

A baleia de Toque-Toque Pequeno ainda não fazia parte das estatísticas oficiais. Nada indica, além do cheiro, que há uma *bryde* enterrada ali na praia. Vai levar pelo menos três anos para seu corpo se decompor. Só então os pesquisadores deverão retornar para recolher os ossos que poderão ser utilizados em seus estudos.

***

Quem viu, viu. Quem não viu perdeu um belíssimo programa de música popular brasileira na última terça-feira, às dez da noite, na TV Cultura de São Paulo. No *Senhor Brasil*, o musical que comanda todas as semanas, Rolando Boldrin recebeu Luiz Vieira, admirável compositor e intérprete, que fez muito sucesso nas décadas de 1960 e 1970.

Desde então, anda meio desaparecido do vídeo e do grande *showbiz* nacional. Apresenta-se em pequenos palcos, e fiquei sabendo que tem um programa na Rádio Carioca. O grande barato de Boldrin e Vieira não é só compor e cantar, e muito bem, mas os dois gostam mesmo é de contar causos. O que mais me chamou a atenção no programa, já que os dois eu conheço de outros carnavais, foi a participação da platéia cantando junto músicas muito antigas como "Menino passarinho" e se divertindo com as histórias que a dupla cantava alternadamente, feito um desafio nordestino.

Ao contrário do que alguns céticos podem imaginar, em meio à platéia de gente da minha idade, havia também muitos jovens – bom motivo para a gente nunca perder a esperança.

★★★

Para não dizer que não falei do referendo, se a turma do "não" me der o direito, domingo vou votar "sim". Sim, porque sou a favor da vida e contra qualquer tipo de arma. Vou teclar 2. Ponto.

A essa altura, sei que cada um já tem opinião formada e não tenho o menor interesse em entrar de novo nesta polêmica. É só uma satisfação que dou aos leitores, que têm o direito de saber o que pensam os colunistas aqui do *NoMínimo*.

Sem entrar no mérito dos que defendem um lado ou outro, fiquei assustado nas últimas semanas com o grau de intolerância e grosseria nas discussões pela internet, em especial pelos defensores do "não". Se isso for uma amostra do que nos espera durante a disputa eleitoral do próximo ano, a democracia sairá perdendo, qualquer que seja o vencedor.

27 de outubro de 2005

Tantas turmas de amigos

———— ⇢ ⇠ ————

A TROCA DE E-MAILS JÁ DURA MESES para falar da festa e localizar quem sumiu do mapa. Tudo isso para organizar o "jantar festa-baile" de 40 anos da turma de 1965 do Colégio Santa Cruz, marcado para amanhã, na casa de um dos nossos colegas. O "Santa", como todos o chamamos, fundado por padres canadenses na década de 1950, é um colégio que forma não só alunos, mas amigos para o resto da vida. Boa parte da turma se encontra todo final de ano em algum restaurante. No meu caso, a comemoração é dupla porque, como repeti a segunda série do antigo ginasial, tenho duas turmas, e faço uma confusão danada entre os colegas de uma e de outra.

Quase todos os padres da nossa época já não estão mais lá. Muitos voltaram para o Canadá, onde fica a sede da ordem dos padres de Santa Cruz. Alguns deles largaram a batina, casaram-se, tiveram filhos, mas mantiveram estes anos todos contato com os ex-alunos. Os padres Lionel Corbeil e Paul-Eugène Charbonneau, fundadores da escola e que a comandaram por muito tempo, eram educadores fora dos padrões convencionais, que introduziram no país o ensino experimental, uma ousadia para a época. No "Santa" respirava-se liberdade, estimulava-se a criatividade, mas padre Charbonneau também não pensava duas vezes em dar uma bolacha em algum aluno mais malcriado.

O regime era de semi-internato, quer dizer, a gente passava o dia inteiro no colégio. Almoçava, tomava lanche e fazia as tarefas escolares lá mesmo. Mas o que mais se fazia mesmo era jogar futebol, antes e depois das aulas, na hora do almoço, em todos os intervalos. Um dos craques do colégio dos padres, que também entravam em campo de batina e tudo, era um tal de "Carioca", que mais tarde ficaria famoso como Chico Buarque de Hollanda. O engraçado é que o "Santa" formou gente em quase tudo que é profissão, até músicos e físicos, além de muitos jornalistas e publicitários, que também se tornariam famosos nas suas áreas de atividade, mas, ao que me consta, dali não saiu nenhum jogador de futebol e nem padre.

Naquele tempo, o colégio era só masculino. Havia, porém, uma espécie de *joint-venture* com uma escola de freiras, o Santa Maria, que facilitava um intercâmbio bem agradável nas festas de fim de semana. Como morava mais ou menos perto do colégio, no Alto de Pinheiros, percorria umas dez quadras a pé. Às vezes, pegava carona, geralmente com o José Carlos Martinez, já falecido, na época chamado de "Baiano" e depois de "Batatinha", um dos poucos que tinha motorista particular. Martinez virou político, foi deputado federal, candidato a governador do Paraná e presidente do PTB, e tornou-se dono da rede de televisão CNT. Numa das suas maluquices, depois de levar para lá estrelas como Galvão Bueno e Marília Gabriela, convidou-me para dirigir o departamento de jornalismo da sua TV, em Curitiba.

Não chega a ser uma máfia nem maçonaria, mas muitos daqueles colegas do Santa Cruz foram trabalhar juntos depois de formados, e se criou uma espécie de corrente de ajuda mútua que perdura até hoje. Alguns se tornaram grandes empresários ou fazendeiros, outros sobrevivem com dificuldade, mas quando a turma se encontra parece que todo mundo é igual, as brincadeiras são sempre as mesmas, as histórias do tempo de escola, repetidas a cada novo encontro. Vira todo mundo menino de novo, embora reparar na cara dos outros, quase todos carecas ou de cabelos brancos, nos dá a clara noção do tempo que passou sem ter que se olhar no espelho. Fala-se também muito de doenças e netos, claro, planos para a aposentadoria, lembra-se dos que já se foram, e não são poucos.

Era tanta a procura por uma vaga no "Santa", como é até hoje, que foi o primeiro colégio em São Paulo a implantar o vestibular – no início, quando só tinha ginasial e colegial e, depois, quando abriu o curso primário e passou a admitir meninas. Havia cursinhos especializados em preparar alunos para este vestibular, mas meu pai não quis saber disso e praticamente me intimou a ser aprovado, embora tivesse apenas 10 anos incompletos ao entrar no ginásio. Pena que o pai tenha morrido antes de me ver formado no ginásio, pois o filho mais velho estudar no Santa Cruz era seu grande orgulho. O que sei hoje aprendi lá. Minhas filhas, Mariana e Carolina, assim como os filhos de muitos dos colegas, estudaram no "Santa" desde pequenas e só saíram de lá direto para a faculdade.

Pô, quarenta anos é tempo pra burro, como se pode notar na lista de "convidados especiais" do convite para a "festa-baile": Beatles, Jorge Ben, Joe Cocker, Jair Rodrigues, The Mamas and the Papas, Roberto Carlos, Johnny Rivers, Rita Pavone... Dos padres daquela época, só estará presente ao encontro o José de Almeida Prado, único brasileiro num bando de batinas canadenses, o professor de português que me ensinou a gostar de ler e escrever.

Gostei tanto que acabei virando jornalista. Aos 18 anos, já estava trabalhando no venerando *Estadão*, o matutino da família Mesquita que todos liam no Santa Cruz, com seu ensino progressista para os filhos de uma elite conservadora. O contato com a realidade estimulado pelos padres canadenses em várias atividades extra-curriculares acabaria sendo muito útil na minha carreira, abrindo-me o interesse para os brutais contrastes sociais existentes e ainda sobreviventes do lado de fora dos muros da escola.

Por falar nisso, agora em dezembro, outra turma minha comemora quarenta anos de amizade. É a autodenominada Turma do Estadão, que mantém esse nome até hoje, embora só um de nós ainda trabalhe no jornal, o Saul Galvão, famoso crítico e consumidor de comes e bebes. Desde 1965, o grupo de cerca de vinte jornalistas, que começaram ou passaram pelo *Estadão*, se reúne todos os anos na época do Natal, com suas mulheres, para celebrar a gratuidade da amizade, algo que se foi perdendo pelas redações da vida.

Tem também a Turma da Folha, que voltou a se reunir mais recentemente, e o Grupo de Oração, criado por Frei Betto e alguns amigos há 25 anos, e que hoje tem mais de 120 integrantes, com "filiais" no Rio e em Belo Horizonte. De repente, me dou conta de que pertenço a muitas tribos, todas elas já longevas, que me deram o bem mais gratificante que a gente pode esperar da vida: fazer amigos.

O leitor, com toda razão, poderá se perguntar o que tem a ver com tudo isso que escrevi aí acima. Aos que insistem em me pedir para que eu volte a escrever sobre "assuntos sérios e importantes", ou seja, sobre a interminável crise política que se instalou no país, recomendo a leitura da belíssima entrevista do Joaquim Ferreira dos Santos, aqui mesmo no nosso *site*. Ali o colega defende o direito do cronista de escrever sobre o que lhe vem à cabeça, à alma ou ao coração, sem se preocupar em ser escravo dos fatos, afirmar a verdade derradeira ou a mudar o rumo dos acontecimentos mundiais. "Crônica é vale-tudo", ensina ele.

Afinal, se todos escrevessem apenas sobre "assuntos sérios e importantes", quase sempre a mesma coisa, desconfio que todos os *sites* e publicações seriam muito chatos. Nessas horas, lembro do velho amigo Carlito Maia, já falecido, que gostava de repetir uma antiga lição: "Podem não publicar tudo o que escrevo, podem não gostar do que escrevo, mas ninguém pode me obrigar a escrever o que não quero". Hoje, por exemplo, me deu vontade de escrever sobre velhas turmas de amigos – algo que, para mim e para muita gente, com certeza, tem uma importância danada. Na próxima semana, não tenho a menor idéia sobre o que vou escrever. Prefiro assim.

2 de novembro de 2005

Quanta coisa rolou...

———————— ⇾ ⇽ ————————

EM ALGUM MÊS DE 1987, quando ela veio para casa, nossa vida era bem tranqüila. Eu trabalhava na sucursal do *Jornal do Brasil*, em São Paulo, num dos mais belos prédios da avenida Paulista, perto de tudo o que a cidade tem de melhor.

Na redação, sob o comando de Augusto Nunes, meus vizinhos de mesa eram alguns dos melhores jornalistas do país. Apesar de ser apenas uma sucursal, o "Senador", como era conhecido Nunes, reuniu em torno dele uma verdadeira seleção brasileira de jornalistas: Geraldo Mayrink, Humberto Werneck, Célia Chaim, Ana Maria Tahan (hoje manda-chuva do jornal), Valdir Sanches, Walmir Salaro, Carlos Alberto Sardenberg, João Vitor Strauss e tantos outros de quem agora não lembro, além dos fotógrafos Ariovaldo dos Santos, José Carlos Brasil, Ubirajara Dettmar, Murilo Menon, Zaca Feitosa e do melhor motorista de reportagem da imprensa paulista, Sebastião Ferreira, o Ferreirinha.

Só para dar uma idéia, abaixo de Augusto Nunes, como adjunto, estava Ricardo Setti; acima, na direção da sucursal, Mauro Guimarães, figura humana rara de bondade nesta selva de competição a qualquer preço; na editoria de esportes, tinha um certo Roberto Benevides, craque do texto; na sede, no Rio, quem comandava o jornal era o jovem Marcos Sá Corrêa, com a ajuda de outra revelação, Xico Vargas, na época em que estava começando a aparecer um tal de Tutty Vasques, também conhecido por Alfredo Ribeiro; o comentarista político já era Villas-Bôas Corrêa; o editor do Caderno B, Zuenir Ventura – todos eles, por feliz coincidência, agora meus colegas aqui no *NoMínimo*.

O *JB* era não só o melhor jornal do país, mas o lugar onde todos os repórteres queriam trabalhar. Recursos e espaço para escrever não faltavam. A tal ponto, que se falava na época num "salário salubridade", quer dizer, um adicional representado pelo bom clima da redação.

Valia a pena até ganhar um salário menor, como foi o meu caso, vindo da redação da *Folha*, já então sob o comando de um projeto regulamentado por uma camisa-de-força conhecida por *Manual de redação*.

Na sucursal, a gente não tinha nenhum manual, mas dava "furos" e manchetes quase todos os dias, como o da construção secreta do submarino nuclear brasileiro em Iperó, perto de Sorocaba, no interior paulista. Ou aquela entrevista exclusiva do então prefeito Jânio Quadros, contando, 25 anos depois, porque ele renunciou à presidência da República, em 1961: "Só me lembro que falei para Eloá: arrume as malas e vamos embora daqui".

Dona Eloá arrumou as malas, Jânio foi-se embora de Brasília, e o Brasil entrou numa crise política da qual parece não ter saído até hoje, depois de vinte anos de ditadura militar e outros vinte de democracia.

O país vivia na gangorra do Plano Cruzado de José Sarney, com a inflação indo para o espaço ao final, mas a gente tinha aumento quase todo mês – ganhávamos bem e ainda dava para se divertir com o trabalho.

Lá pelas tantas, Augusto Nunes resolveu implantar o "Projeto Felicidade": tudo era motivo para festa na redação. Em casa, a Mara, minha mulher, também estava feliz no seu trabalho de pesquisa de mercado, ganhando bem, e cuidando das nossas meninas, Mariana e Carolina, então ainda pré-adolescentes, enquanto eu vivia viajando à caça de boas histórias para reportagens.

Carolina, a caçula, foi quem apareceu em casa com a Quinca, uma pequena gata siamês, que ganhou de presente do seu professor de violão. Ivo, o professor, logo desapareceria do mapa, assim como a vocação musical da minha filha, mas Quinca ficou.

Foi ficando, e virou a atração da casa. Nos dias de festa, éramos obrigados a deixá-la na despensa para não infernizar as visitas. Foi aí que ela criou seu número de maior sucesso: dava um salto mortal e, na queda, abria a tranca da porta para voltar ao convívio familiar.

Cadê a Quinca?, logo perguntavam as pessoas que iam lá em casa, e ela era colocada de novo na despensa, para voltar de forma triunfal, depois de abrir a porta sozinha. Quando alguém ficava doente, ela não saía do seu lado. Depois que minha mãe, Elisabeth, morreu, nossa gata nunca mais foi a mesma.

Quinca era bem velhinha também, já estava na prorrogação, com o prazo de validade vencido, pois a idade média dos gatos brasileiros, segundo o veterinário que cuidava dela, não passa dos 14 anos. Ficou mais triste ainda quando saímos da velha casa, no começo do ano, e viemos morar num apartamento. Aos poucos, foi entregando os pontos, definhando. Já nem miava mais.

Na madrugada de sábado para domingo, ao chegarmos da festa dos 40 anos da turma do Colégio Santa Cruz (tema da coluna da semana anterior), tocou o telefone. A funcionária da clínica veterinária, onde a velha gata estava internada, deu a notícia que a gente já temia: Quinca morreu. Faltavam poucos meses para completarmos dezenove anos de fiel convivência, uma raridade, tratando-se de felinos.

Quanta coisa rolou nesse meio tempo...
Mariana virou repórter também, foi da primeira equipe da *GloboNews*, há dez anos. Depois, foi para o Ceará, trabalhar na TV Verdes Mares, voltou dois anos depois, casou-se com um cara muito legal, o Fernando, deu-nos a neta Laurinha e já está grávida de novo.

Carolina foi morar sozinha, faz muito sucesso como uma das roteiristas do filme *2 filhos de Francisco*, junto com Patrícia Andrade, e tem uma cadela chamada Teodora. Virei apenas o pai de Mariana e Carolina, o que é ótimo.

Enquanto isso, trabalhei em duas campanhas presidenciais de Lula, fui dirigir redações em televisão, passei pela revista *Época*, novamente sob a chefia de Augusto Nunes, voltei para a *Folha*, encarei mais uma campanha, em 2002, e depois trabalhei no governo, em Brasília. Voltei a São Paulo no final de 2004, e agora Mara e eu trabalhamos em casa – mais do que eu gostaria, já que estamos ficando meio velhos, mas a aposentadoria que ganho mal dá para pagar o plano de saúde. Está bom assim. Não nos falta trabalho, não temos do que reclamar.

Passaram-se pela Quinca os presidentes Sarney, Collor, Itamar, Fernando Henrique, duas vezes, veio o Lula, e ela continuou ficando, atravessando galhardamente todos os planos econômicos e todas as crises políticas, que não foram poucas neste período. Pelo conjunto da obra à nossa volta, os últimos meses de Quinca foram de muita tristeza, deixando o coração apertado, o nosso e o dela.

E o *JB*, que fim levou?, poderá perguntar o leitor mais atento. Pois é, o jornal onde mais gostei de trabalhar acabou sumindo da minha vida bem antes da Quinca. Nunca mais o encontrei nas bancas que freqüento aqui perto de casa, nem ouvi ninguém falar dele. Sinto muita falta dele e dela.

Ainda bem que, nesse meio tempo, inventaram a internet para a gente não deixar de encontrar os amigos, saber o que pensam e andam fazendo. Assim, posso matar a saudade dos velhos e bons tempos.

Pena que não foi feito atestado de óbito da Quinca. Desconfio que ela tenha morrido mesmo foi de melancolia.

10 de novembro de 2005

O novo papel dos jornais

———— ➔ ⬅ ————

Notícias renovadas a cada instante nos *sites* das agências *on-line*, rádios que só tocam notícia, telejornais noturnos em profusão, canais de TV com jornalismo 24 horas, blogs, informações até pelo celular.

Neste bombardeio de informações a que somos submetidos hoje, o que resta de novidade aos nossos velhos jornalões para nos contar no café-da-manhã?

A sensação mais comum que os leitores de jornais têm hoje em dia é a de já terem lido ou ouvido aquela notícia, a começar pela manchete. Que sentido tem o jornal trazer em manchete a informação de que o papa fulano morreu ou o ministro sicrano caiu, se todo mundo já estava careca de saber disso desde a hora em que o fato aconteceu?

Fica um gosto de pão amanhecido. Além de raramente trazer fatos novos ou acrescentar informações àquelas que os leitores já receberam antes, por outros meios, os jornais estão cada vez mais parecidos entre si.

Nem mesmo as colunas, que proliferaram nos últimos anos em toda a imprensa, numa tentativa de diferenciação, escapam de tratar dos mesmos assuntos, com vários autores, em diferentes páginas ou até na mesma.

Faltam diferenciais, e a conseqüência disso é a mesmice, até mesmo na apresentação gráfica dos jornais. Isso pode explicar em parte a crise financeira vivida pela imprensa de papel na última década, agravada pela queda na circulação dos jornais, um fenômeno mundial, sem falar nas dívidas contraídas em dólar quando o país vivia os áureos tempos da fantasia cambial, e todo mundo entrou na corrida para investir em novas mídias eletrônicas.

Para se ter uma idéia do desafio à nossa frente, o matutino de maior circulação no país hoje, a *Folha de S. Paulo*, tem uma tiragem média de 313 mil exemplares diários num país de mais de 180 milhões de habitantes.

Qual é a saída? Em busca de respostas para estas e outras questões, na estréia da série "Protagonistas da imprensa brasileira", três jornalistas do *site Jornalistas & Cia.*, dirigido por Eduardo Ribeiro, foram ouvir o diretor de redação da *Folha*, Otávio Frias Filho, um refinado intelectual de 48 anos, que começou no jornalismo aos 17 e há vinte está no comando editorial do jornal.

Numa longa entrevista, fala de todos os temas levantados acima e anuncia para breve uma nova reforma gráfica da *Folha*. Principal mentor do Projeto Folha e do *Manual de Redação*, que exerceram forte influência em toda a imprensa brasileira a partir dos anos 1980, Frias Filho está convencido de que chegou a hora de dar guinada.

"Estamos interessados em valorizar o espaço de interpretação, de opinião e de análise. Há certo consenso de que o jornalismo de qualidade deve cada vez mais reforçar esses aspectos, buscando o aprofundamento da notícia, o contexto interpretativo. E em relação à notícia, ao *hard news*, que continua e continuará sendo a espinha dorsal do jornal, pretendemos encontrar formatos gráficos que permitam explorar cada vez mais histórias próprias, exclusivas, deixando num plano mais secundário as notícias mais comuns compartilhadas por todos os veículos e que também já saíram na televisão e na internet", diz ele, fazendo um resumo das razões da reforma.

Trata-se, na verdade, mais do que de uma simples reforma gráfica, mas sim de uma reforma editorial de que carecem hoje todos os nossos principais jornais, envelhecidos tanto na forma quanto no conteúdo. Não compartilho com os colegas apocalípticos que prevêem o fim da imprensa de papel, ameaçada pela internet e demais meios eletrônicos.

Assim como o cinema não acabou com o teatro, e a televisão não acabou com o cinema, os jornais e revistas sempre terão seu espaço, com maior ou menor circulação, dependendo da capacidade de se adaptar aos novos tempos e definir seu novo papel nesta história, que certamente não é derrubar nem defender governos.

Frias Filho aponta alguns caminhos. A meu ver, porém, deixou de lado um instrumento fundamental para se alcançar a sonhada diferenciação: a boa e velha reportagem, palavra que não lembro de ter visto em sua entrevista. Produto cada vez mais raro na nossa imprensa de papel, a reportagem foi ganhando espaço na televisão, que capturou alguns dos seus melhores profissionais exatamente nas redações da imprensa escrita.

Um bom exemplo do que estou querendo dizer é a edição especial da revista *Almanaque do Fantástico*, que está nas bancas com uma batelada de reportagens exclusivas que vão muito além daquilo já mostrado pela televisão, por não caber na minutagem exígua desse veículo para cada assunto.

Não falo isso em causa própria, já que dediquei a maior parte dos meus mais de quarenta anos de profissão a esse ramo do jornalismo, e não pretendo voltar a trabalhar numa redação.

Falo mesmo como leitor viciado em jornais e revistas que gostaria de ser surpreendido por uma história original, bem contada, mostrando lugares ou personagens novos, que fujam do noticiário do dia-a-dia. Nem precisava ser todo dia, já que sei como dá trabalho fazer uma reportagem em profundidade. Se fosse ao menos uma vez por semana, já seria muito bom.

Penso que, por aí, tanto quanto no investimento em matérias mais interpretativas, notícias exclusivas e uma boa reforma na fachada, os jornais vão conseguir não apenas oferecer algo a mais do que as notícias dos meios eletrônicos, como também encontrarão o caminho para mostrar que não são produtos de um pensamento único, criados por um mesmo editor e escritos por um onipresente redator itinerante, autor de todos os textos de todos os veículos impressos todos os dias.

Sei que isso não depende exclusivamente da vontade dos donos de jornal, mas de um clima favorável à criatividade e à ousadia que deveria ser alimentado por todos os profissionais de uma redação, especialmente os mais jovens, que hoje me parecem conformados em repetir fórmulas já gastas sem brigar pelo seu espaço.

Fui testemunha de um episódio, há muitos anos, que me marcou profundamente por mostrar como a iniciativa de um repórter em campo é muitas vezes vital para o êxito de um veículo, mais do que qualquer projeto ou manual criado nas redações.

Em 1993, logo no começo da primeira Caravana da Cidadania, comandada pelo hoje presidente Lula, nosso ônibus foi parado numa cidade próxima a Garanhuns, em Pernambuco, de onde partimos, por dezenas de manifestantes que fecharam a estrada com latas d'água vazias para conversar com o então candidato.

Estávamos em Iati. Lula desceu do ônibus para conversar com os moradores, que se queixavam daquilo de sempre nos sertões nordestinos: fome, miséria, falta de trabalho, falta de água. Os repórteres, mais de vinte, que acompanhavam a caravana, também desceram, mas só queriam saber o que o candidato tinha a dizer sobre o ataque feito na véspera por um dos seus concorrentes na eleição de 1994, o ex-governador Leonel Brizola.

O drama daquela gente somente interessou a um dos repórteres, justamente o mais antigo deles, um certo Zuenir Ventura, que trabalhava no *Jornal do Brasil*.

Zuenir abandonou o candidato, deixou a caravana seguir em frente e foi atrás da história dos sertanejos. Em algum momento, em alguma cidade do caminho, ele nos reencontrou, feliz da vida, como um principiante, com a reportagem que acabara de fazer – sozinho.

Esta história do Zuenir me fez lembrar que, ainda recentemente, Gabriel García Márquez criou um centro de estudos de jornalismo em Cartagena das Índias, na sua Colômbia, para onde levou vários tipos como Zuenir para transmitir seus conhecimentos a jovens jornalistas.

Quem sabe não esteja aí outro caminho a ser trilhado para que nossos vetustos jornalões descubram qual o novo papel que lhes cabe neste mundo eletronicamente globalizado. O veteraníssimo e consagrado García Márquez poderia até dar algumas dicas. Uma coisa é certa: o jornalismo nunca vai acabar, mesmo que os jornais um dia morram todos.

Seja qual for a plataforma da informação, como se diz, todos nós sempre precisaremos de alguém para nos contar e explicar o que está acontecendo – de preferência, algo que ainda não sabemos.

1º de dezembro de 2005

Resgatando a cidadania

———— ⇾ ⇽ ————

No meio de tanta notícia ruim, é sempre uma alegria quando ligo o computador e encontro na minha caixa de correspondências mensagens que fazem a gente descobrir quanta coisa boa anda acontecendo por aí e poucos ficam sabendo, já que não interessam à imprensa. Como esta que me mandou o fotógrafo Adolfo Vargas Lamberti, de 71 anos, um chileno que veio para o Brasil ainda jovem e se apaixonou pelo país:

> A equipe brasileira de vôlei para-olímpico sub-23 viajou vinte horas até a cidade de Kamnik, na Eslovênia, para competir no Campeonato Mundial Júnior de Vôlei Sentado. Apesar de não ter experiência em competições internacionais, a equipe brasileira enfrentou de igual para igual equipes com mais de 25 anos de tradição neste esporte, ganhando a medalha de bronze. Disciplinados, determinados e compenetrados, nossos jogadores surpreenderam a todos. O fotógrafo que acompanhou a delegação tentou captar a alegria, o sorriso maravilhoso e o orgulho de serem atletas do Brasil. Vargas Fotógrafo.

Ele assina seus trabalhos assim mesmo, com a profissão de sobrenome, pois fotografar foi o que fez a vida toda com muita paixão. Convidado a acompanhar a delegação brasileira, produziu um belo trabalho sobre uma atividade esportiva ainda tão pouco conhecida no nosso país – tanto que as fotografias que acompanham seu texto não foram publicadas em lugar nenhum.

Eu mesmo nunca tinha ouvido falar em vôlei sentado, mas o entusiasmo de Vargas me motivou a escrever sobre um tema difícil de ser encontrado nas páginas dos nossos jornais e revistas. E me interessei pelo assunto.

Há apenas dois anos, o vôlei para-olímpico começou a ser praticado no Brasil e já é um dos preferidos dos portadores de deficiência em nosso país. São doze equipes masculinas e três femininas em atividade. O principal objetivo da Associação Brasileira de Vôlei Para-Olímpico é resgatar, por meio do esporte, a auto-estima e a cidadania de milhares de brasileiros portadores de deficiência. "Vamos transformar o vôlei em eficiente ferramenta para, pelo exemplo positivo, mudar conceitos e estigmas ainda hoje existentes em nossa sociedade", diz o presidente da associação, João Batista Carvalho e Silva.

O projeto da ABVP definiu três prioridades: a utilização da internet (endereço: anandefass@terra.com.br) para a formação de uma rede de difusão de informações relacionadas aos portadores de deficiência e demais envolvidos com a causa; a utilização do Circuito Banco do Brasil do Vôlei de Praia para a implementação de ações de afirmação e a formação e manutenção das seleções masculina e feminina. O principal objetivo do trabalho é levar o Brasil a participar pela primeira vez dos Jogos Para-Olímpicos, em Pequim, daqui a três anos. As duas seleções já se preparam para disputar uma vaga no Campeonato Mundial da modalidade, marcado para junho, na Holanda.

O vôlei sentado, que é disputado com a rede a 1,15 metro de altura do piso, foi incluído na programação dos Jogos Para-Olímpicos em 1980 e é praticado atualmente em 45 países. Irã, Egito, Bósnia, Holanda e Alemanha são os que mais se destacam.

A história do esporte para as pessoas portadoras de deficiência teve início durante a Segunda Guerra, quando o neurocirurgião austríaco Ludwig Guttmann, a pedido do governo britânico, criou o Centro Nacional de Lesionados Medulares, no Hospital de Stoke Mandeville, em Aylesbury, na Inglaterra. Guttmann logo introduziu o esporte como instrumento no processo de reabilitação. Em 1948, aproveitando a realização dos XIV Jogos Olímpicos em Londres, disputou-se pela primeira vez uma competição entre portadores de deficiência, com a participação de 16 atletas, ex-combatentes do exército britânico.

9 de dezembro de 2005

A superação de Danuza

———— ➔ ✦ ————

No início do ano, parei em frente à tela do computador do editor Luiz Schwarcz, da Companhia das Letras, para dar uma espiada num texto que me chamou a atenção.

Eram os originais enviados por Danuza Leão para o livro de memórias que ela estava começando a escrever. "Gostei, vem coisa muito boa por aí", comentei com ele, depois de ler alguns parágrafos.

Só não podia imaginar que o produto final fosse ficar tão bom. Ao terminar de ler o livro *Quase tudo*, o melhor lançamento editorial do ano, na minha imodesta opinião, comecei a repensar uma porção de coisas na vida.

De como, por exemplo, a gente se deixa abalar por bobagens, enquanto outros conseguem dar a volta por cima, mesmo enfrentando problemas muito mais sérios, ousando desafiar o destino num eterno recomeçar.

Entre tantas outras lições aprendidas ao ler esse livro, que em apenas 220 páginas consegue contar mil histórias de outros tantos personagens além da protagonista, a mais importante foi a capacidade de superação dessa mulher, que já fez de tudo na vida.

Danuza amou muito e muitos, foi feliz demais e sofreu como poucos, conseguindo tirar da dor de cada perda a força para encarar novos desafios, sem ficar olhando para trás.

O mais incrível é pensar que, depois de ter sido modelo de sucesso na Europa, ainda muito jovem, *directrice* de casas noturnas, dona de butique e de restaurante, jurada do programa de Flávio Cavalcanti e apresentadora de *talk show*, e entre uma e outra fase apenas senhora "do lar", Danuza foi começar a escrever numa idade em que muitos só pensam em se aposentar.

Sem profissão definida na carteira de trabalho, se é que ela já teve uma, viveu intensamente os anos dourados da década de 1950, no Rio de Janeiro, com direito a longas temporadas em Paris.

A camaleoa – e bota leoa nisso – Danuza revela no livro, sem muitas firulas, episódios fantásticos da sua convivência com todo tipo de gente, os talentos mais interessantes e brilhantes em cada área no seu tempo – da política ao cinema, do futebol à boemia, da música ao teatro e à literatura. Mas gostava mesmo era de ficar sozinha em casa, cuidar dos três maridos (um de cada vez, claro) e dos três filhos.

Numa seqüência trágica, perderia, em pequeno espaço de tempo, o pai, a mãe, a irmã, um filho e o primeiro marido, o jornalista Samuel Wainer, que lhe abriu as portas para os muitos mundos em que viveu.

Tive a oportunidade de trabalhar com Wainer – o criador do *Última Hora,* jornal que revolucionou a imprensa brasileira, e que a ditadura militar matou –, já na fase final da sua carreira, quando ele lançou um jornal semanal inovador, como tudo o que fez na vida, o *Aqui São Paulo.*

Apesar de já enfrentar sérios problemas de saúde, vibrava como um garoto cada vez que o jornal emplacava uma boa reportagem, uma entrevista exclusiva, um "furo". Certa vez, uma turma do jornal foi entrevistar Neil Ferreira, *golden boy* da publicidade na época, em sua casa na Granja Viana, nos arredores de São Paulo. No meio da conversa, Samuel dormiu. Ao despertar, seguiu fazendo perguntas do exato ponto em que havia parado.

Lembro vagamente que ele falava muito da ex-mulher, a mãe de seus filhos –, e só falava bem de Danuza, como se ainda fossem um do outro. No livro, descobri que o sentimento era recíproco, coisa rara num meio em que *ex* somente é para sempre no mau sentido.

Ao descobrir seu talento para escrever, primeiro em colunas de jornal, depois em livros, que fizeram muito sucesso, Danuza se deu conta de que bastava pensar para exercer bem o ofício. Além de pensar, eu acrescentaria que é preciso também ter a capacidade de sentir, sem limites e sem freios, como transparece em cada passagem de *Quase tudo*.

Em nenhum momento ela se faz de vítima ou posa de heroína diante dos dramas e das conquistas que a vida lhe reservou. Simplesmente vai contando do que lembra com tal franqueza que nem parecem capítulos de uma autobiografia, como se estivesse escrevendo sobre outra pessoa qualquer.

Nem biografias não-autorizadas – as do tipo escritas por mordomos de rainhas ou ex-amantes de celebridades – vão tão fundo ao reviver episódios que a maioria esconde até das próprias lembranças.

É verdade que Danuza Leão deu uma sorte danada de viver numa época mágica e no meio de pessoas como já não se fazem mais. Mas também é verdade que nem todos os que conviveram com Vinicius, Tom, Di Cavalcanti, Glauber, Rubem Braga, Fernando Sabino, Getúlio Vargas, para falar só dos que já se foram, seriam capazes de reproduzir um tempo e um sentimento com a sensibilidade fina de Danuza Leão, mulher que não conheço, mas hoje admiro como se fosse uma amiga íntima, graças ao seu livro.

Se alguém achar que estou exagerando, é só comprar o livro e conferir. Mesmo sem nenhuma noite de autógrafos, que ela abomina, não foi à toa que *Quase tudo* virou *best-seller* e já lidera todas as listas de mais vendidos, apenas duas semanas após o lançamento.

Embora não quisesse, porém, mais uma vez ela acabou cedendo e aceitando um desafio: nesta sexta-feira (na Argumento, do Leblon, às 21 horas) e no domingo (na Travessa, de Ipanema, 19 horas), ela estará ao vivo dando autógrafos em duas livrarias cariocas para provar que Danuza Leão, bonita e charmosa aos 72 anos, não é uma obra de ficção. Quando chegar no último capítulo, o leitor vai entender o que estou dizendo.

23 de dezembro de 2005

Por um pouco de paz

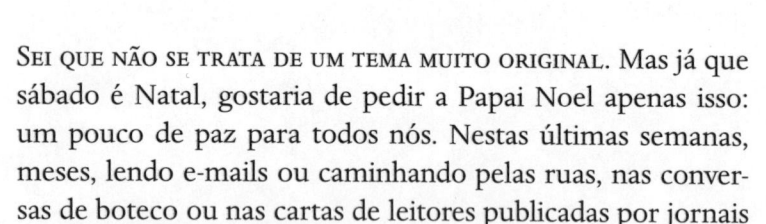

——— ⇢ ⇠ ———

SEI QUE NÃO SE TRATA DE UM TEMA MUITO ORIGINAL. Mas já que sábado é Natal, gostaria de pedir a Papai Noel apenas isso: um pouco de paz para todos nós. Nestas últimas semanas, meses, lendo e-mails ou caminhando pelas ruas, nas conversas de boteco ou nas cartas de leitores publicadas por jornais e revistas, seja sobre o noticiário político ou esportivo, ando impressionado com o crescente clima de intolerância, diria até de beligerância, apesar da rima pobre.

Tornou-se um flagelo, por exemplo, sair de carro no trânsito de São Paulo, já complicado por natureza, com motoristas cada vez mais agressivos disputando espaço com motoqueiros idem, como se estivessem querendo ganhar uma corrida de vida ou morte. Para chegar aonde, para ganhar o quê?

Como me acostumei a fazer a pé quase tudo que preciso, quando vou mais longe, prefiro ir de táxi. Flagro as maiores barbaridades, algumas cometidas por finas senhoras, mas fico na minha. Se alguém tem que ficar nervoso, que seja o taxista. Os sinais de trânsito deixaram de ser uma lei para colocar ordem nas ruas. Foram transformados em mera referência – obedece quem quer, quando quer. Faixa de pedestres deixou de ter função – é apenas mais um estorvo para quem está com pressa.

As mesmas pessoas que reclamam da prefeitura pela sujeira das ruas atiram tudo quanto é coisa pelas janelas dos seus carrões e dos prédios. O asfalto e as calçadas viraram latas de lixo. Se você pede nota fiscal em qualquer lugar, te olham feio. Fila é feita para trouxa, tem sempre um jeito de furar.

As nossas desgraças acontecem sempre por culpa dos outros. Dá a impressão de que somos um país de santos governados por demônios que, aliás, nós mesmos elegemos. Se amanhã, por algum acaso, trocassem todos os ocupantes dos três poderes, em todos os níveis e em todos os escalões, o Brasil amanheceria melhor no dia seguinte? Seremos uma nação de pessoas mais civilizadas, mais tolerantes com quem pensa diferente, com todo mundo pagando imposto direitinho, respeitando pelo menos as leis do trânsito, não mijando fora do penico? Tenho minhas dúvidas.

Gestos simples, como cumprimentar alguém, perguntar como vai, pedir licença, dizer obrigado ou abrir um sorriso para o vizinho, tornaram-se tão raros hoje em dia que chegam a causar estranheza. Pode parecer coisa de boiola ou de gente antiga. Para que perder tempo com estas frescuras? Tempo é dinheiro, tenho mais o que fazer, parecem pensar certas pessoas o tempo todo, mesmo que já estejam com a vida ganha.

Que se passa com a gente? Dizer que isso é comum nas grandes cidades, porque cresceram demais e perderam a humanidade, não serve de desculpa. Conheço outras grandes cidades em que as pessoas ainda se respeitam e, de outro lado, noto em pequenos municípios a mesma falta de civilidade das metrópoles. Se a cara feia e o mau humor servissem para resolver algum problema, já estaríamos no paraíso.

A preferência por falar de coisas negativas sai das telas e das páginas do noticiário para as conversas do dia-a-dia, e os diálogos na internet envenenam ainda mais o convívio entre as pessoas, como se já não bastassem os fatos da própria realidade. Depois ficam se perguntando por que estão caindo a circulação e a audiência. Pega até mal falar de alguma coisa boa. Talvez seja por isso que os jornais de quarta-feira passada [21/12/2005] tenham escondido em suas primeiras páginas o resultado da última pesquisa Seade/Dieese, que registrou o menor índice (16,4%) de desemprego da População Economicamente Ativa, desde 2001, na região metropolitana de São Paulo.

Ah, mas esse índice ainda é muito alto, dirão os que se sentem mais felizes na tristeza ao ficar se lamuriando das nossas mazelas seculares. Chique mesmo é falar da última (e nunca é a última...) falcatrua, do novo boato de queda do ministro que corre em Brasília, do avião que caiu na Índia, dos parlamentares que se autoconvocam no recesso e não comparecem ao trabalho (os mesmos que até outro dia eram os heróis das CPIs).

Se alguém por acaso te perguntar como vai e você responder que a família vai bem, todo mundo trabalhando e com saúde, pode até parecer uma ofensa. Vai bem por quê? Numa roda de amigos, se você começa a rir muito, quem sabe você não está debochando dos outros? Mas como é possível, com o país nesta crise, e você ainda consegue achar graça de alguma coisa? Por acaso ainda não leu os jornais de hoje?

Na semana passada, pela primeira vez em muito tempo, fiquei sem ver o *Jornal Nacional*. O mundo, o país e a minha vida não melhoraram nem pioraram por causa disso. Não mudou nada. Aproveitando o espírito de Natal, como está cada vez mais difícil mudar este mundo globalizado, talvez o melhor a fazer seja buscar a paz dentro de nós mesmos e, se possível, compartilhá-la com as pessoas mais próximas. Quem sabe, se cada um cuidar melhor do próprio rabo, a gente não comece a ver as coisas de outra forma, sem que seja necessário esperar as próximas eleições para acabar com os sobressaltos desta guerra política sem-fim e reencontrar a paz de que tanto precisamos?

Estou fazendo muitas perguntas porque também ando à procura de respostas para o que está acontecendo. Ainda outro dia, estava vindo com minha neta no colo pela calçada de um supermercado. Quase fui atropelado por um carro que saía do estacionamento, na rua Ministro Rocha Azevedo, um lugar muito nobre da cidade. Tomei um baita susto, claro.

Maior foi meu espanto quando o motorista, em vez de pedir desculpas, ainda por cima me xingou e perguntou se não olho onde ando. Quer dizer, para ele, eu estava atrapalhando o trânsito, como se a calçada fosse dos carros. Vai explicar isso para uma criança que ainda não completou 3 anos.

Essas coisas também só acontecem por culpa do Zé Dirceu e do governo, é claro. Fica mais fácil explicar tudo assim.

30 de dezembro de 2005

Reencontros de fim de ano

——— ⇾ ⇽ ———

O REENCONTRO DOS AMIGOS COM D. PAULO EVARISTO ARNS, ex mas para sempre nosso cardeal arcebispo de São Paulo, estava marcado para as três da tarde de quinta-feira, antevéspera de Natal, na igreja de São Francisco, na praça e ao lado da faculdade de mesmo nome. Todo ano, nessa época, desde que ele se aposentou, o ritual se repete. Saí de casa mais cedo para almoçar por lá e andar um pouco pelo velho centro da cidade, aonde não ia havia muito tempo.

Na avenida Paulista, o semáforo fechou, e o táxi foi cercado por mendigos e vendedores anunciando variados artigos, como numa feira-livre. O da cadeira de rodas, que já está naquele ponto há 27 anos, veio logo pedindo uma ajuda de "dez paus", mas em seguida admitiu dar um desconto. "Calma. Eu sou ético. Entre doze e catorze, na hora do almoço, eu peço menos. Se não, vocês não vão ter dinheiro para comer... Me dá um real que já está bom."

Falante e sorridente, ele repete mais algumas vezes "sou ético" e conta que tem nome de imperador romano. "Pode me chamar de Cláudio Augusto." Pega o dinheiro e sai feliz, rodando sua cadeira como se tivesse acabado de ganhar na loteria.

No Largo São Francisco, está tudo lá no mesmo lugar e do mesmo jeito – até o veterano Itamarati, um dos poucos restaurantes da cidade mais antigos do que eu. O caudaloso cardápio e os garçons são os mesmos de décadas atrás, quando as pessoas iam "passear na cidade" só para comer no Itamarati. Até hoje, ninguém faz melhor um linguado grelhado "à *belle meunière* com batatas *sauté*".

O que mudou foi o barulho do restaurante: as pessoas falam e riem alto. Ao meu lado, uma jovem senhora até bonita e de boas medidas estraga tudo com sua voz metálica alguns decibéis acima do conveniente. Olho para a praça e vejo a banca que vende ervas para todas as dores e doenças, as imponentes cadeiras de engraxate muito bem cuidadas, com fregueses esperando a vez, as pessoas caminhando com pressa. O vestuário mudou. Há mais gente andando de bermuda do que de terno, um uniforme obrigatório de quem ia ao centro antigamente.

Outra novidade é que entre os engraxates agora tem uma mulher, a Creuza. Novidade para mim, porque ela já está lá há nove anos, vinda de Ibitinga, no interior paulista, "cinco horas de ônibus". Até isso as mulheres fazem melhor, são mais caprichosas. O sapato fica que parece novo.

Lembro de quase vinte anos atrás, naquele mesmo lugar, antevéspera das eleições para governador de 1986. Como não havia sido convidado para o almoço que um dos candidatos, Antonio Ermírio de Moraes, oferecia aos jornalistas, sugeri a outro, Orestes Quércia, que estava sem compromisso, um passeio pelo centro da cidade para fazer as fotografias da matéria sobre os últimos momentos da campanha.

O candidato aceitou posar para uma foto na mesma cadeira de engraxate em que eu estava sentado agora. Dado como azarão num páreo que contava também com o Paulo

Maluf de sempre, dois dias depois Quércia acabaria ganhando as eleições. Mas depois disso, nunca mais foi eleito para nada, e acabou ficando numa espécie de limbo político.

Pois não é que agora, tanto tempo passado, sem ninguém esperar – nem ele próprio, acredito –, a primeira pesquisa do Datafolha sobre as eleições para governador do próximo ano apontou Quércia em primeiro lugar, folgadamente à frente dos outros candidatos, incluindo o ex-presidente Fernando Henrique Cardoso?

Como não sou analista nem cientista político para explicar essas coisas, e já estava em cima da hora, deixei as lembranças de lado, comprei um disco do Pavarotti para dar de presente, e fui me encontrar com D. Paulo. Estranhei não encontrar ninguém conhecido. Vendo-me perdido, uma senhora apontou o final de um corredor como o local do encontro. Também não havia viva alma. D. Paulo telefonara pouco antes avisando que não vinha mais, explicou-me a telefonista. Fora fazer exames médicos de manhã e do hospital voltou para casa, "mas está bem", garantiu-me ela. Confiei-lhe o presente para entregar a ele – D. Paulo costuma ir lá toda quinta-feira – e levei minhas recordações para passear mais um pouco pelo centro velho.

No dia seguinte à tarde, sob o viaduto João Moura, em Pinheiros, onde funciona o quartel-general dos catadores de material reciclável, encontro o sucessor de D. Paulo, D. Cláudio Hummes, que por mais de vinte anos foi bispo no ABC e agora comanda a arquidiocese paulistana. "Quem diria...", diz ele ao nos reencontrarmos com um abraço depois de muito tempo, ambos à espera de um amigo comum, Luiz Inácio Lula da Silva, que conhecemos como presidente do Sindicato dos Metalúrgicos e hoje é o presidente da República.

Como faz há três anos, sempre às vésperas do Natal, Lula tem um encontro marcado com os catadores que agora estão organizados numa cooperativa e começam a levar uma vida um pouco melhor. Feito um animador de auditório, padre Júlio Lancelotti, outro velho amigo meu e do povo da rua, ensaia músicas que eles vão cantar para o presidente.

Reencontro os repórteres que fazem a cobertura presidencial, depois de quase um ano sem os ver. São os mesmos de sempre, um pouco mais cansados, talvez, depois de tantos meses cobrindo a crise política. Nesses ambientes, Lula fica logo à vontade, brinca com um e com outro morador de rua, mas também ele não consegue esconder as marcas deixadas por um ano pesado que parecia nunca acabar.

No final do encontro, numa rápida conversa com os jornalistas, Lula mostra o otimismo de sempre e dá risada quando lhe recomendo, antes de entrar no carro, que tire umas férias. Tem gente que não acha, mas presidente da República, como diria o Magri, é um ser humano como qualquer outro, também precisa de uma folga.

Que 2006 seja mais leve para todos nós.

Até o ano que vem.

⇾ 2006 ⇽

6 de janeiro de 2006

Leilão de patrono

———— ➢ ➤ ————

No último dia do ano, enquanto não chegava a hora de ir com a família passar o *réveillon* no clube, aproveitei para responder às mensagens dos amigos e leitores que sempre chegam nessa época, desejando o de sempre: paz, saúde, esperança. Em meio aos votos de feliz ano-novo, porém, chegou um e-mail de Lúcido da Silva, repassado pelo Grupo Novo Mundo (novomundo.com@grupos.com.br), que me deixou pasmo, colocando em xeque as esperanças que a gente sempre busca encontrar em algum canto da alma.

São duas cartas. Uma foi enviada pela comissão de formatura dos cursos de Administração, Turismo e Jornalismo, da Faculdade Estácio de Sá, de Santa Catarina, desconvidando o patrono da turma, Rubens Araújo de Oliveira; a outra, a resposta do professor aos alunos. Pelo que ambas revelam sobre o momento que estamos vivendo, achei que vale a pena transcrevê-las na íntegra para que os próprios leitores possam tirar suas conclusões.

A carta dos estudantes ao professor:

Excelentíssimo dr. professor Rubens Araújo de Oliveira

Nós, da comissão de formatura 2005/2 dos cursos de Administração, Turismo, Jornalismo e GSI da Faculdade Estácio de Sá, de Santa Catarina, vimos, por intermédio desta, comunicar uma situação que nos deixa muito constrangidos e, de certo modo, frustrados. Há alguns meses, em visita pessoal dos membros da comissão de formatura a Vossa Senhoria, solicitamos e fomos prontamente atendidos e correspondidos na solicitação do convite, que muito nos honraria, para homenageá-lo como patrono das turmas acima mencionadas. Até então, também foi abordada a possibilidade de um auxílio para amenizar os custos referentes à formatura. Hoje pela manhã, fomos informados formalmente que o auxílio que poderia ser repassado aos formandos seria de R$ 1.000,00, que entendemos que esteja dentro das suas atuais possibilidades financeiras.

Ao repassar esta informação, a comissão e os demais formandos ficaram em uma situação delicada em face da dificuldade em completar o orçamento. Os mesmos reagiram e sugeriram o auxílio de outra pessoa, que era também cogitada a ser homenageada, cujo valor disponibilizado amortizará o custo relativo ao local da colação de grau, pois contávamos com a disponibilidade do novo auditório da Estácio.

Então, diante desta situação extremamente complicada, nós da comissão acatamos o que a maioria dos formandos optou, que é de homenagear como patrono a outra pessoa que fará uma contribuição mais elevada. Gostaríamos de agradecer o aceite e o comprometimento, nos desculpar pela alteração e pelo não cumprimento do convite que fora gentilmente aceito pelo senhor, mas, diante dos fatos, a maioria decidiu que seria mais justo homenagear a pessoa que se propôs a fazer a maior contribuição para os formandos.

(Assinam a carta os seis integrantes da comissão de formatura, cujos nomes vou omitir para não prejudicá-los em suas futuras carreiras).

A resposta do professor Rubens Araújo de Oliveira aos estudantes:

Prezados acadêmicos,

Vocês não devem se sentir constrangidos. Frustrados, sim. Constrangidos, nunca! Quem sabe este constrangimento não se trata de vergonha! Ou de falta de caráter! Ou ainda falta de ética! Entendo que estou "desconvidado" para ser patrono. Em minha vida de quase trinta anos como professor, devo ter sido patrono, paraninfo, nome de turma e homenageado dezenas de vezes. Jamais imaginei que formandos convidassem e "desconvidassem" patronos por dinheiro! Enfim, sempre há uma primeira vez para tudo.

Se eu utilizasse a mesma moeda (literalmente), é uma pena não ter sido informado antes... Neste caso, por idêntico critério, não teria pago minha parte como "patrono" na última festinha de confraternização dos formandos.

Meus queridos ex-futuros afilhados:

Eu é que me sinto constrangido. Decepcionado. Surpreso. Triste mesmo!

Constrangido, porque pensei que o convite realizado fosse uma homenagem ao ex-diretor geral da Estácio pela sua capacidade de administrar e levar adiante um projeto que em cinco anos tornou-se a maior escola de administração de Santa Catarina. Todos os cursos que ora estão se formando obtiveram a nota máxima de avaliação do MEC. Patrono é isso: uma pessoa que os formandos entendam deva ser exemplo na área de atuação dos cursos.

Decepcionado, porque pensei que nossos alunos honrassem o título de bacharel após quatro anos de muita luta e sacrifício. Patrono é isso: uma pessoa que dignifica a profissão.

Surpreso, porque jamais imaginei ter sido "comprado" como patrono. Isto é, fui "eleito" pelos formandos somente porque iria dar dinheiro para a formatura. Patrono não é isso. Patrono não se vende.

Triste, porque vejo que não consegui, após quatro anos de curso superior, mudar os valores de alguns alunos da Estácio. Patrono é isso: uma pessoa que possui valores que prezam pela ética, moral, honra e palavra.

Sinto-me aliviado. Dormirei melhor... Não consegui comprá-los por R$ 1.000,00. Obviamente, a honraria de ser patrono vale muito mais do que isso. Tivesse eu as qualidades de um patrono acima citadas, talvez me sentisse "enojado" com a situação. Como não as possuo, sinto-me aliviado em ter poupado um dinheirinho que seria gasto com pessoas das quais me envergonho de ter sentido alguma consideração de relacionamento. Assim sendo, e como não resta alternativa, com muita alegria aceito o "desconvite".

Entendo que outros formandos não devem compartilhar da mesma opinião desta comissão. A estes desejo sucesso e sorte. À comissão de formatura e aos outros que trocaram o patrono por dinheiro, o meu desprezo. Seguramente, a vida lhes ensinará o que a faculdade não conseguiu!

Por último, desejo a todos a felicidade da escolha de um patrono bem rico! Que ele possa pagar todas as despesas e contas... seguramente, a maior qualidade do homenageado.

Que tenham uma excelente formatura. Estarei lá presente na qualidade de professor da Estácio. Digam ao acadêmico orador que em seu discurso não fale das qualidades dignas do ser humano. Muito menos em decência, honra, moral e ética. Se assim o fizer, irei aparteá-lo e chamá-lo de mentiroso!

Depois de ler estas duas cartas na véspera de um novo ano, comentar o quê? Como o professor Oliveira, eu também já participei como patrono ou paraninfo de mais de uma centena de formaturas, mas nunca tinha ouvido falar numa coisa dessas. Ao contrário, os formandos sempre fizeram questão de pagar minhas despesas com transporte e hospedagem. Patrono ser cobrado para receber uma homenagem? Fazer leilão de patronos? Convidar e depois desconvidar?

Uns dez anos atrás, até achei meio folclórica a desculpa que me deram os formandos de uma faculdade de jornalismo do interior do Paraná. Às vésperas da viagem, informaram-me que não poderiam mais pagar a passagem de avião simplesmente porque o tesoureiro da comissão de formatura tinha sumido com a grana. Agora, vejo que a coisa ficou mais séria: criaram a figura do patrono-patrocinador.

Ainda bem que, para mim, a primeira imagem de 2006 que ficou guardada na memória foi a da minha neta, que ainda não completou 3 anos, dançando e pulando toda feliz, até de madrugada, enquanto pais e avós despencavam de sono em volta da mesa no *réveillon* do clube.

Laurinha nunca me deixa perder as esperanças.

27 de janeiro de 2006

Leitor pede bom senso

———— ➔ ✦ ————

Posto fora de combate nos últimos dias graças a um ridículo acidente doméstico que me fez rolar as escadas e me mandou para o hospital com algumas costelas quebradas, tive tempo de sobra para pensar sobre algumas coisas que nos movem nesta vida. No caso dos que vivemos de escrever, além de garantir o pagamento das contas no fim do mês e a nossa sobrevivência material, cada vez que nos sentamos diante do computador, fico imaginando, que força maior nos leva a escolher determinado tema e não outro que de alguma forma possa interessar aos leitores.

Às vezes, enquanto escrevemos sobre um assunto quente da semana, já ficamos pensando na repercussão que a coluna vai ter, que reações vai provocar, a favor ou contra – e, às vezes, não acontece nada. Outras, começamos a digitar algumas frases sem ter muita idéia de onde queremos chegar, apenas para cumprir tabela, quase sem esperança de retorno – e as mensagens não param de chegar pelo *webmail*, cada leitor querendo não só dar sua opinião, mas relatar também uma experiência pessoal ligada ao assunto.

Foi o que aconteceu com a coluna de duas semanas atrás. Em meio ao marasmo do noticiário que atingiu a categoria dos escrevedores semanais nessas primeiras semanas do ano, resolvi contar como estava vivendo sem um emprego fixo pela primeira vez na vida. Para minha surpresa, o assunto rendeu mais de 50 mensagens de leitores, meu recorde até agora. A grande maioria entendeu que eu não estava ali defendendo uma tese nem justificando coisa alguma, apenas mostrando uma opção de vida entre tantas outras, muitas vezes determinada pelas próprias circunstâncias do mercado, das novas tecnologias ou até por falta de alternativa.

Vieram muitos testemunhos de leitores que tomaram o mesmo caminho e outros dispostos a trocar a segurança e outras benesses de um emprego fixo pela liberdade de fazer o próprio horário. Alguns poucos, é claro, aproveitaram para esculhambar comigo e com o governo – faz parte. Se tivesse encaminhado todas as mensagens à seção Fala Leitor do *site*, certamente o assunto renderia uma boa discussão entre mais gente, mas resolvi não fazê-lo por razões que exponho mais abaixo.

Antes, quero agradecer ao leitor Filipe Galliano, de Jundiaí, no interior paulista, que me deu uma ótima sugestão para a coluna, um assunto que também não está no noticiário: "Que tal falar sobre o velho e conhecido BOM SENSO? Este que sumiu das nossas vidas, e que tanto poderia simplificá-las? Parece bobagem, mas ultimamente, com tantos programas de melhoria das empresas, metas a serem atingidas, sistemas de controle total e todos os MBAs da vida, cadê o velho e querido bom senso?"

Bem, não sei se sou a pessoa mais indicada para tratar do assunto, já que se o dominasse não faria nem escreveria tantas besteiras, mas gostei da idéia do Galliano. Pensando bem, a maioria dos nossos problemas e os do país poderiam ser minimizados com a utilização mais freqüente destas duas palavras tão simples quanto mágicas: *bom senso*. No entanto, parece que é exatamente isso o que mais tem faltado aos que gostam de apontar os dedos para cima e para os lados, sem se dar ao trabalho de, vez ou outra, se olhar no espelho para saber se está tudo bem do lado de dentro.

Meu amigo leitor faz uma pergunta atrás da outra: "A lógica da distribuição dos produtos nas prateleiras dos supermercados não faz você pensar que alguém pensa muito diferente de nós, pobres seres humanos normais? Para que facilitar? E entre o relacionamento das pessoas? Você já reparou como o bom senso sumiu das nossas vidas?" Até compartilho das mesmas dúvidas, mas não tenho as respostas.

Está aí um bom tema em que não há dono da verdade, e a internet, por meio de seus *sites* e blogs, pode servir de belíssimo instrumento para a discussão de diferentes pontos de vista, desde que isso seja feito de forma civilizada, respeitando as leis do país, com cada um assumindo a responsabilidade pelo que escreve, como acontece com todos nós, jornalistas, que assinamos nossas colunas e reportagens.

As pré-condições acima listadas foram provocadas por uma nota do *Observatório da Imprensa*, divulgada esta semana sob o título "Limite do Respeito". Segundo a nota, o *Washington Post* fechou na quinta-feira (19/1) a seção de comentários de um de seus blogs, em razão de muitos comentários com ataques pessoais, ofensas e palavrões dirigidos a Deborah Howell, *ombudsman* do jornal. "Transparência e debate são partes cruciais da cultura da internet, e é muito frustrante para nós não podermos manter um diálogo civilizado, especialmente sobre assuntos polêmicos", afirmou Jim Brady, editor executivo do *site* do *Post*.

Como já se dizia quando do advento do rádio e da televisão, não há tecnologias boas ou más em si mesmas – tudo depende do uso que se faz delas. O mesmo ocorre agora com a internet, provocando discussões em todo o mundo sobre as suas enormes virtudes para tornar mais democrática a difusão de informações, bem como para incentivar a participação dos leitores/ouvintes/telespectadores, que deixam de ser agentes passivos para se tornar também comentaristas das notícias ou opiniões que recebem.

A todos os direitos, contudo, correspondem também deveres. Não dá para dialogar com pessoas que enviam mensagens apócrifas, escondem-se sob pseudônimos ou codinomes, chegando a assinar *posts* com a sugestiva assinatura "Covarde". Para estes, pouco importa o que você escreve – aproveitam-se apenas do espaço que lhes é dado para ofender, agredir, caluniar.

Tenho uma sugestão bem simples para se estabelecer uma regra do jogo democrática que valha para todos: só deveriam participar dessas discussões os cidadãos que se dispusessem a preencher um cadastro, com nome, endereço e erregê, até para que o *site* ou portal possa se defender de eventuais ações judiciais. Enquanto isto não for possível, vou responder diretamente aos leitores que me enviarem mensagens pelo *webmail*, mas não as encaminharei mais ao *site* – em respeito a eles e a mim mesmo.

3 de fevereiro de 2006

E o vento virou de novo

———— ⇾ ⇽ ————

Tem dias que é fácil prever o que vai acontecer com o tempo. Esquenta muito logo de manhã cedo, o ar fica abafado, formam-se nuvens escuras, e os meus meteorologistas de plantão — a moça do café da esquina, o motorista de táxi ou o jornaleiro da banca — já vão me prevenindo: de tarde, vai cair um toró, pode se preparar. Noutros dias, o vento vira de uma hora para outra, sem aviso prévio nem razão aparente, muda o humor dos mares, provoca enchentes ou o início de uma estiagem.

Em maio do ano passado, semanas antes do *tsunami* que virou o país de cabeça para baixo com as denúncias do ex-deputado Roberto Jefferson, escrevi aqui mesmo neste canto que, sem mais nem menos, o vento estava virando, havia um clima de mal estar se espalhando. Dava para notar isso pela cara das pessoas na rua, pelas conversas no boteco, pelas mensagens de intolerância que corriam na internet, juntando uma e outra ponta do noticiário da imprensa — algo me dizia que o mar iria ficar bravo, mas é claro que não poderia imaginar o tamanho das ondas.

Sem querer dar uma de moço do tempo, comecei a notar agora, nos primeiros dias do novo ano, que o vento estava virando de novo, mas em sentido contrário. Na brevíssima temporada que passei em São Sebastião, antes de cair da escada, era de chamar a atenção a calmaria do mar, que mais parecia uma piscina de criança, mesmo numa praia de tombo como a de Toque-Toque Pequeno. Há muito tempo, constatavam os nativos, não se via um verão tão bonito como aquele, quase sem chuvas, sol aberto de dia e lua clareando as noites.

As conversas também estavam ficando mais amenas. Já quase não se ouvia falar em crise, e eram otimistas, em sua maioria, as previsões que cada um fazia sobre a sua vida e os planos para o ano que estava começando. Até os mais céticos rendiam-se ao clima que, por algum motivo não escrito nem declarado, estava cercando 2006: "Também, pior do que o ano passado vai ser difícil...", argumentavam. Tudo bem, seja como for, assim como nas conversas no Barracuda, o bar da praia, o noticiário também começou a mudar, passando a tratar de outros temas além das CPIs que atravessaram de um ano para o outro.

Por volta das quatro da tarde desta quinta-feira, hora em que escrevo a coluna, era este o clima, e até onde minha vista alcança tudo indica que dá para colocar o barco novamente na água, sem susto. Bares, restaurantes e supermercados com muito movimento todos os dias, novas obras e pontos comerciais pipocando aqui e ali, barulho até de madrugada, sente-se no ar um outro astral, embora os nossos desafios e problemas continuem do mesmo tamanho. Ainda dói quando respiro mais fundo, mas é por causa das costelas quebradas.

★★★

Quero agradecer a todos os leitores que participaram do animado debate provocado pela minha coluna da semana passada em que apresentei algumas idéias para se estabelecer um diálogo civilizado nas ondas da internet. Mais de uma centena de mensagens postadas na seção Fala Leitor apresentam variados pontos de vista, muitos me esculhambando, mas com algo de positivo em comum: a necessidade de se preservar este espaço, com respeito às divergências de opinião, sem preconceitos nem generalizações. Teve até gente que resolveu revelar seu nome verdadeiro, o que acho muito bom. A propósito, informo que encaminhei ao *site* **todas** as mensagens recebidas. O critério de divulgação é dos editores.

Claro que uns poucos leitores falam em "censura", o que obviamente não é o caso quando apenas se reivindica um pouco de educação e respeito às leis ao escrever num espaço público. Afinal, há alguma diferença entre a correspondência pela internet e uma porta de banheiro. Mas isso me faz lembrar uma antiga história sobre os limites da palavra liberdade e de que forma esta sagrada conquista democrática costuma ser vilipendiada.

Um ex-agente da repressão vinha pela avenida com seu carrão de placas frias, buzinando e cortando todo mundo. Embriagado até as tampas, atropelou meia dúzia de pessoas na calçada, xingou e ameaçou bater no guarda que o prendeu e, ao chegar à delegacia, estava absolutamente injuriado. "Doutor delegado, assim não é possível! Estão querendo cercear minha liberdade de ir e vir! Onde ficam os meus direitos? Nem na ditadura aconteceria uma coisa dessas..."

10 de fevereiro de 2006

Bem-vinda, Isabel!

———— ➔ ← ————

Tanta gente jogando filho fora todo dia, e aqui em casa está a maior expectativa com a chegada de mais uma menina para o meu harém. Não se fala nem se pensa em outro assunto. O médico marcou a cesariana para as seis da manhã desta sexta. Já estou em regime de concentração, nem reclamo de ter que acordar cedo. Minha filha Mariana, com seu barrigão imenso e o sorriso maior ainda, foi comigo ao supermercado para comprar doces e chocolates, como se estivéssemos preparando uma festa – e é disso mesmo que se trata o nascimento de Isabel, que vai fazer companhia à Laura, de 3 anos, também ela feliz da vida com a irmã que vai ganhar. De tão ansioso, meu genro Fernando, que apesar de palmeirense é muito boa gente, foi parar no médico, mas já está tudo bem com ele.

Enquanto isso, leio na capa do *Globo*: "Dois destinos – Um bebê é salvo, mas outro morre". Conta a chamada do jornal:

> Dez dias após o caso da recém-nascida salva das águas na Lagoa da Pampulha, em Minas Gerais, dois bebês abandona-

dos tiveram ontem destinos diferentes no Rio. Em Realengo, os bombeiros encontraram o corpo de um bebê dentro de um saco de lixo boiando num rio. Em Bangu, uma criança de apenas três dias foi deixada pela mãe, Simone Pereira da Silva, de 32 anos, no estacionamento de um hospital particular. O bebê foi salvo e a mãe presa e autuada por abandono de incapaz.

Parece até que virou epidemia. Mas diante de tantos casos que vão se tornando rotina no noticiário dos jornais, será que resolve prender as mães? Fica todo mundo tentando descobrir os motivos perversos que levam mulheres a gestos extremos para se livrar dos filhos que conceberam, mas não encontrei até hoje uma única alma para trazer de volta à discussão um assunto que parece tabu, ninguém ousa mencionar: o planejamento familiar.

Minha vida sempre foi rodar por este país de cima a baixo e vice-versa. Depois de conhecer todos os estados brasileiros, suas cidades grandes e seus grotões, de passar minha vida fazendo reportagens nas beiradas das periferias atingidas pelas enchentes e nos pronto-socorros dos hospitais sem médicos, contando histórias de desempregados e desabrigados, sem terra e sem nada, cada vez mais fui me convencendo de que sem uma política nacional de planejamento familiar, a conta nunca vai fechar.

Jamais o Estado e o mercado darão conta de atender a todas as nossas carências. Em ano eleitoral e, em meio à troca de tiros com denúncias de corrupção entre situação e oposição, lá vem de novo a mesma ladainha de sempre de que precisamos investir mais em educação, saúde e habitação. Desde que me conheço por gente, a reza é sempre a mesma, mas ninguém tem coragem de falar numa questão visível a olho nu: enquanto decai a taxa de natalidade no país, nas faixas mais pobres da população não pára de crescer o número de filhos de mulheres sem casa e sem marido.

Aqui mesmo, a poucos metros do prédio onde moro, numa região nobre da cidade, em frente a um supermercado, duas mulheres cercadas de filhos pequenos vivem de pedir esmolas. Detalhe: as duas mulheres estão grávidas.

Numa de suas primeiras viagens já como presidente, acompanhei Lula numa visita a algumas famílias da Vila Irmã Dulce, uma das regiões mais pobres da periferia de Teresina, no Piauí. Nas cinco ou seis casas em que entramos, a história era a mesma: mulheres abandonadas pelos maridos criando os filhos (geralmente de pais diferentes) sozinhas. No coração do Jardim Paulista ou na distante Vila Irmã Dulce, o drama é o mesmo. Que futuro podem esperar esses filhos?

Não importa o governo, o partido, a latitude do poder. Basta falar em planejamento familiar – ou outra expressão que signifique a mesma coisa –, que a resposta é sempre igual: "Ah, mas não dá pra propor isso porque a igreja não quer, dá a maior confusão". Que igreja? Por que não dá nem para tocar no assunto? As centenas de políticos brasileiros que já estiveram com o papa, os outros todos que vivem cortejando padres e bispos alguma vez já conversaram a sério com os representantes da igreja sobre esta questão vital num país pobre e desigual como o nosso?

Alguém consegue explicar por que o andar de cima do Elio Gaspari pode planejar o tamanho da família e o andar de baixo não pode? Não há plano de governo, não há taxa de juros, não há Bolsa Família, não há reforma agrária, política, do judiciário e do escambau, não há plano habitacional, não há reforma educacional, não há projeto de saúde nem de meio ambiente, não há milagre que dê um jeito de diminuir a desigualdade se não se encarar este desafio cada vez mais evidente: como fazer para evitar que os mais pobres tenham mais filhos do que os que têm mais recursos?

É possível discutir seriamente o futuro do país sem levar em conta este dado da nossa realidade? Na hora de discutir programas de governo, por que não se pede uma audiência, uma reunião, uma conversa, sei lá, com os nossos amigos da CNBB [Conferência Nacional dos Bispos do Brasil] para colocar este problema sobre a mesa e discutir como é possível dar a todas as famílias a mesma oportunidade de planejar quantos filhos querem ter? Ou vamos construir novas cadeias só para prender as mães que jogam os filhos no lixo?

Sei que se trata de um assunto polêmico, mas já estou acostumado a tomar porrada por levantar questões consideradas tabus. Nunca escrevi para agradar a ninguém. E não vai ser agora que vou fazer média só porque alguém pode não gostar do que penso. Só peço que os eventuais leitores desta coluna reflitam sobre este problema que considero vital no debate sobre o futuro do país, qualquer que seja o resultado das eleições.

Depois de enviar este texto aos meus editores do *No-Mínimo*, fui dar uma navegada pelo noticiário da internet. Encontrei a seguinte nota no *Globo Online*:

Plantão
09/2/2006 — 13h38m
Corpo de bebê é encontrado em saco plástico na Bahia

SALVADOR — O corpo de um bebê recém-nascido foi encontrado na manhã desta quinta-feira em frente a um posto de saúde de Vitória da Conquista, no sudoeste do Estado. O corpo do bebê estava dentro de um saco plástico. A polícia está no local.

17 de fevereiro de 2006

Casamento sem noivo

--- → ← ---

PARECE MENTIRA.

Passo a semana toda procurando uma notícia boa para comentar com os leitores e, quando me sento para escrever a coluna, cadê a história que imprimi para não esquecer? Era tão boa, que mostrei para todo mundo, e ela acabou sumindo. Mas não tem problema. Como só faz três dias, e ainda não estou tão gagá, lembro o que ela contava. Era uma notinha que pesquei navegando pela internet, sobre uma senhora de 70 e tantos anos que resolveu casar de véu e grinalda, mesmo após a morte do marido.

Se agora me foge o nome da santa e o lugar onde isso aconteceu, duas informações que seriam fundamentais no meu tempo de repórter, guardei na memória pelo menos o milagre: casada apenas no civil, a noiva viveu sempre com o mesmo marido, que se recusava a entrar na igreja para fazer a vontade da companheira de celebrar a união no religioso, como se diz. Após a morte dele, ela convenceu os filhos a fazer a cerimônia com tudo a que tinha direito. Assim mesmo, sem o noivo, sozinha no altar, estava feliz da vida, segundo a notícia que li.

Juro que é verdade.

A vida não é feita só de grandes manchetes, boas ou ruins, mas também dessas pequenas notas que pipocam o dia todo na internet, e na maioria das vezes nem chegam às páginas dos jornais do dia seguinte, ocupadas por outras notícias que seus editores acham mais importantes, embora não sejam necessariamente mais interessantes para os leitores. Quando vejo as estatísticas sobre circulação dos jornais que mostram crescimento dos chamados populares e estagnação ou queda dos grandes veículos impressos, fico pensando nos motivos desta tendência.

Além, é claro, do preço mais em conta para as pessoas que antes não podiam comprar jornais e agora entraram no mercado da notícia, talvez essas publicações tenham descoberto um filão que escapou aos editores da velha mídia: o casamento da setuagenária sem noivo pode ter mais leitores do que as últimas declarações do Roberto Jefferson ou as emocionantes discussões sobre o superávit primário, a convocação extraordinária do Congresso, a sogra do Aldo Rabelo ou o cardápio da festa de aniversário do PT.

O casamento da velha senhora com ela mesma tem tudo para dar certo. Afinal, não vai ter em casa o causador daqueles aborrecimentos comuns quando se divide o mesmo teto: o outro.

Esse pessoal da terceira idade anda mesmo com a corda toda. Em meio ao burburinho junto aos caixas do supermercado da esquina da minha rua, chama a atenção a cabeça toda branca de dona Vera, que está todo dia por lá. Para quem não a conhece, pode parecer apenas mais uma freguesa, já que no meu bairro tem muita gente de idade que vai ao supermercado todos os dias – um jeito de gastar o tempo, ver gente, conversar com outras pessoas. "Como essa velhinha bebe cerveja!", ouvi de um freguês outro dia, ao vê-la colocar várias embalagens de meia dúzia de garrafas nos sacos de plástico, sem saber que ela estava ali a serviço.

Orgulhosa do seu crachá de empacotadora de uma grande rede de supermercados, a única no meio de um batalhão de meninos, aos 75 anos ela não quer saber de outra vida. Sempre a mil por hora, sem tempo para jogar conversa fora, ao contrário das freguesas, contou-me rapidamente que faz esse trabalho há oito anos. "E se deixarem vou ficar mais oito trabalhando aqui...", diverte-se dona Vera com ela mesma.

Por falar em se divertir, vale a pena assistir à peça *Operação abafa*, a nova comédia da dupla Marcos Caruso e Jandira Martini, que estreou em janeiro e ficará em cartaz até abril no novo Teatro Vivo, ao lado do Shopping Morumbi. Pelo título, pode parecer uma peça escrita às pressas para aproveitar os últimos acontecimentos de Brasília, mas não se trata disso. Trata-se de um texto atemporal, tanto que foi escrito em 2001, mas poderia ter sido em qualquer outro ano. "Nossa inspiração veio com uma acusação de compra de votos para a reeleição no governo Fernando Henrique. Escrevemos em 2001, e só em 2005 conseguimos montar. E ela está mais atual do que nunca", explicou Jandira em entrevista à TV UOL.

Na saída do espetáculo, encontrei Caruso feliz da vida com o sucesso das primeiras semanas e resolvi brincar com ele.

— Pô, vim aqui para ver uma comédia e você me apresenta um negócio tão sério...

— É propaganda enganosa...

A melhor definição para essa peça dirigida com maestria por Elias Andreato, que prende a atenção da gente do primeiro ao último minuto do espetáculo, é o velho chavão do "rir para não chorar". Conta a história de cinco amigos da geração 68, todos vivendo com dificuldade financeira, que se reencontram depois de muito tempo para discutir se aceitam ou não a proposta indecente que um deles recebeu, que poderia resolver o problema de todos. O dilema ética/sobrevivência acaba sendo resolvido quando aparece em cena o filho do único da turma que já morreu, mas não vou contar o final que é muito bonito. Além dos autores, estão no elenco muito afinado Miguel Magno, Noemi Marinho, Tânia Bondezan e Diego Leiva, com participação especial de Francarlos Reis. Dá para rir e pensar ao mesmo tempo.

As três notícias saíram espalhadas pelos jornais em espaços diferentes na quarta-feira, mas ganhariam mais força se tivessem sido publicadas lado a lado, emblemáticas que são dos tempos atuais (ou dos tempos de sempre, como se conclui depois de assistir à *Operação abafa*). São duas histórias de impunidade e uma de injustiça – no mesmo dia, no mesmo país.

Em São Paulo, o Tribunal de Justiça anulou a sentença que havia condenado a 632 anos de prisão o coronel Ubiratan Guimarães, comandante da tropa da PM que, em 1992, invadiu o presídio do Carandiru e matou 111 presos – o mesmo número que ele adotou para se candidatar e ser eleito deputado estadual.

Em Vitória, no Espírito Santo, os desembargadores da 1ª Câmara Criminal do Tribunal de Justiça do Espírito Santo mandaram soltar o ex-presidente da Assembléia Legislativa José Carlos Gratz, preso desde dezembro de 2004 pelo conjunto da obra.

Enquanto isso, em Contagem, Minas Gerais, Wagno Lúcio da Silva, de 41 anos, passava seu primeiro dia de liberdade rezando numa igreja, depois de mofar oito anos na cadeia por um crime que, soube-se depois, não cometeu.

Ao dar uma passada de olhos no noticiário político dos últimos dias, cheguei à conclusão de que certos políticos, para o bem do país e das suas próprias biografias, deveriam fazer como eu: cuidar mais dos netos.

Falando nisso, não poderia imaginar que Isabel, minha neta caçula, que nasceu sexta-feira passada, personagem da minha coluna anterior, ainda tão pequenininha, fosse capaz de causar tanta repercussão. Nunca recebi tanta correspondência quanto nos últimos dias ao tratar de um assunto velho como a corrupção da peça de Caruso e Jandira, mas que continua muito atual no momento em que a cada dia aparece mais um caso de mãe que abandonou o filho: permitir que todos tenham direito ao planejamento familiar.

Foram 108 mensagens que recebi pelo *webmail*, vindas até do exterior, algumas delas publicadas na seção Fala Leitor do *NoMínimo*. Até quinta-feira, dia 16, quando escrevo esta coluna, elas já haviam provocado 261 comentários de outros leitores. Tem revista grande por aí que não alcança este número de retorno dos seus leitores em nenhum dos assuntos listados entre os mais comentados da semana. Quero agradecer a todos que participaram desse grande debate pela internet e desejaram bons tempos para Isabel.

Em tempo: Isabel é muito boazinha, uma bonitez só.

3 de março de 2006

De volta à escola

———— → ← ————

LOGO AO CHEGAR, tomei um susto com a cena: dois alunos do mesmo sexo fazendo carinhos um no outro, namorando numa boa na entrada da escola. Acho que só eu reparei, antigo que sou, porque os outros transeuntes passaram direto rumo ao auditório. Que os leitores não me entendam mal: não se trata de preconceito, nada disso, apenas de uma questão de data de nascimento, quer dizer, de época de entrada em cena na vida.

Como aluno da primeira turma da Escola de Comunicações e Artes da Universidade de São Paulo, inaugurada há exatos 39 anos, fiquei contente com o convite para participar de um encontro com os calouros na manhã da última sexta-feira. É sempre bom voltar a lugares que foram importantes na nossa formação, deixar a memória cavoucar as lembranças e tentar entender os rumos que tomamos nas voltas que a vida dá.

De cara, encontrei um colega de turma, José Coelho Sobrinho, que passou direto da condição de aluno para a de professor e nunca mais saiu da escola. Os cabelos todos brancos, contente com o que faz, mais uma vez ele estava participando do ritual de receber novos alunos. Era como se fossem os primeiros de sua carreira, toda ela dedicada a uma única instituição. Nas muitas vezes em que passei pela ECA nestes anos todos, já que por quase três décadas morei pertinho da USP, nunca deixei de encontrar o Coelho para tomar um café na sala dos professores. E nunca o vi reclamar da vida.

Véspera de carnaval, pensei que ia encontrar no auditório meia dúzia de gatos-pingados, só os alunos mais "caxias", como se dizia, já que a essa altura parecia que São Paulo inteira estava pegando as estradas. Para minha segunda surpresa do dia, a sala estava lotada, mais de 200 estudantes, alguns até em pé, para participar do nosso debate. Eu era o mais velho ali. Os outros dois ex-alunos convidados para falar sobre as suas experiências – o multimídia José Roberto Torero e o músico Fábio Torres – eram de turmas bem mais recentes do que a minha.

— No meu tempo, não tinha nem elevador no prédio... – lembrou Torero, o primeiro a falar, e o cortei logo, sem esperar minha vez.

— ... e no meu tempo não tinha nem o prédio...

É verdade. Em 1967, quando passei no primeiro vestibular da ECA na mesma semana em que comecei a trabalhar como repórter estagiário no *Estadão*, a escola foi abrigada provisoriamente num puxadinho do prédio velho da reitoria. Criaram a faculdade, mas esqueceram de prover uma estrutura mínima para o seu funcionamento.

Até os professores eram improvisados, requisitados em outras escolas da própria USP, que entendiam tanto de comunicações e artes quanto os alunos, ou eram profissionais das áreas relacionadas aos diferentes cursos (jornalismo, rádio e televisão, teatro, cinema, música, biblioteconomia, relações públicas). Pode-se imaginar como eram os equipamentos – veteraníssimas máquinas de escrever com teclados despencando e enormes câmeras de televisão sobreviventes da TV Tupi, quase do tamanho de um carro, que às vezes funcionavam.

Vivia-se o auge do movimento estudantil que se mobilizava contra a ditadura militar e acabou explodindo no histórico meia-oito, como ficou conhecida a nossa geração. No final das aulas, ia todo mundo para o Rei das Batidas, um bar que existe até hoje na entrada da Cidade Universitária. Com o tempo, passamos a ir ao Rei antes das aulas mesmo... Muitos alunos daquela turma, como eu, estouramos em faltas e fomos "jubilados", a expressão que se usava para os alunos expulsos da faculdade que não chegaram a se formar, depois de repetir o ano várias vezes. Por isso, vira e mexe encontro alguém que foi da minha turma, mas a "minha turma" foram várias.

A maioria estudava e trabalhava, mas numa coisa só. Não é como hoje que, já na escola, o pessoal quer aprender e fazer de tudo um pouco. O melhor exemplo dessa febre multimídia dos tempos atuais é Torero, uma figuraça, meu colega de mesa naquela manhã, que faz cinema, roteiros para a televisão (o texto do "Retrato Falado", com a Denise Fraga, no *Fantástico*, é dele), escreve coluna de futebol na *Folha* e nas horas vagas mantém um blog. No meu tempo de escola, eu era só repórter do *Estadão*. Lá fazia a cobertura do movimento estudantil, um caso típico de dupla personalidade, mais ou menos como se fosse ator e crítico ao mesmo tempo.

Detesto a expressão "no meu tempo", e mais ainda o hábito que muitos da minha geração têm de achar que "no nosso tempo" era tudo melhor do que hoje. Conversa. Fiquei muito bem impressionado com os calouros da ECA-USP, que em suas perguntas se mostraram informados e interessados sobre o que está acontecendo no país e nas áreas em que pretendem atuar profissionalmente. Foram três horas muito agradáveis, que me deram esperança de que esse pessoal que vem vindo aí vai fazer coisa boa nas comunicações e nas artes do país.

10 de março de 2006

Abaixo o colunismo

———— → ← ————

PODE PARECER ESTRANHO o próprio colunista colocar um título deste em seu texto. É que acabo de chegar de uma reunião na qual foram definidos os finalistas do Premio Ayrton Senna, que contempla os melhores trabalhos sobre temas relacionados ao desenvolvimento humano. Saí de lá muito animado com o que vi e ouvi.

Explico: ao contrário do que muitos colegas pensam e outros até dizem, o Brasil continua produzindo exemplos de bom jornalismo em todas as mídias e regiões do país. Fiquei bastante impressionado não só com as reportagens e fotografias apresentadas, mostrando os dramas do Brasil na vida real, mas com as coisas boas que também estão acontecendo país afora.

Os temas dos problemas diagnosticados são, em sua maioria, recorrentes – trabalho infantil, prostituição, abandono, violência, mortes, doenças, falta de moradia, o de sempre. A novidade para mim é que apareceu uma grande quantidade de trabalhos revelando como a sociedade está se mobilizando para buscar soluções – às vezes, em parceria com o poder público em seus diferentes níveis; noutras, utilizando apenas recursos próprios. Gostaria muito, mas não posso dar exemplos, porque me pediram sigilo (os vencedores somente serão anunciados em maio).

O fato é que, apesar de tudo, a reportagem sobrevive. O que os finalistas entre os mais de 1.500 trabalhos inscritos demonstraram é que em cada redação ainda há profissionais motivados a sair às ruas para descobrir histórias que não estão na internet e não podem ser produzidas por telefone, independentemente dos recursos oferecidos pelo veículo em que trabalham.

Produz-se muita coisa boa fora do eixo São Paulo–Rio–Brasília. Essa foi a principal constatação feita pelos dez jurados, entre profissionais e acadêmicos, no longo debate que se travou ao final do encontro sobre o atual momento da mídia brasileira e as oportunidades abertas pelas novas tecnologias, agora com a chegada da TV digital.

No caminho de volta para casa me dei conta de que tinha mais uma vez mudado de lado no balcão da vida, quer dizer, em lugar de estar concorrendo ao prêmio, pela primeira vez estava julgando os outros. Nem tinha como participar: há mais de quatro anos não escrevo uma reportagem. Pelas circunstâncias da vida, virei mais um colunista, justo eu que vivia praguejando contra esse modismo doentio da imprensa brasileira.

No caminho de volta para casa me dei conta de que não estava sozinho. Boa parte dos profissionais da minha geração mudou de ramo, largou a reportagem. A maioria virou chefe, assessor, publicitário ou colunista. Sem repórteres com paixão pelo ofício, fica mais difícil fazer reportagens.

Talvez por isso há quem diga que a imprensa brasileira tem mais colunas do que as antigas Roma e Atenas. Qualquer *zé mané* hoje quer ser dono de uma coluna. São cada vez mais raros os que, como José Hamilton Ribeiro e Clóvis Rossi, ainda vão atrás dos fatos em vez de só ficar em casa navegando e comentando notícias de segunda mão.

Chegam a ser comoventes os esforços de alguns colunistas para ajudar a resolver o impasse tucano na escolha do seu candidato à presidência. Tudo bem, mas talvez o distinto público esteja mais interessado em saber de outros assuntos, lugares e personagens.

Se os espaços e os recursos materiais e humanos investidos nas colunas fossem revertidos para a reportagem em todos os veículos, certamente teríamos mais trabalho no julgamento do Prêmio Ayrton Senna, já que aumentaria a concorrência e o número de inscrições.

Em compensação, os leitores, ouvintes e telespectadores seriam mais bem servidos de boas histórias. Teríamos mais Brasil real e menos Brasília oficial, maior diversidade de assuntos e menor índice de especulação por centímetro de coluna, mais novidades para contar e menos futricas de bastidores. Dá mais trabalho, eu sei, mas senti uma saudade danada do tempo em que saía para garimpar uma história e não tinha a menor idéia do que iria encontrar.

Ainda bem que, como as medalhas e as notícias por telefone, tudo tem o outro lado. Ao começar a escrever aqui no *NoMínimo*, já faz um ano, descobri na prática o que quer dizer interatividade. Nunca poderia imaginar, no tempo em que trabalhava nas antigas mídias e, de vez em quando, recebia cartas de um leitor ou telespectador, que a internet produzisse um retorno tão imediato e generoso. Cresceu em progressão geométrica o número de emissores e receptores, democratizando as informações num nível nunca visto antes.

Até o momento em que comecei a escrever esta coluna, 138 leitores do *site* tinham enviado comentários à mensagem do estudante André Sobreiro, personagem até então anônimo da coluna da semana passada. Logo cedo, Sobreiro me escreveu para dizer que era ele um dos alunos citados na cena em que dois rapazes se beijavam. Em seguida, começou um intenso debate na seção Fala Leitor sobre a questão da liberdade de opção sexual.

Sem entrar no mérito da discussão, já que numa tribuna livre tem de tudo, da pior baixaria a sofridos depoimentos sobre a própria vida, uma coisa é certa: daqui para a frente, quando se falar de formadores de opinião ou do poder da mídia, há que se levar em conta que a internet já provocou uma verdadeira revolução nas relações entre quem produz e quem consome informações.

Certos veículos e seus colunistas amestrados logo vão se dar conta de que já não têm o poder de colocar nem derrubar ninguém da cadeira. Até porque os eleitores e contribuintes estão cada vez mais interessados em saber o que, afinal, está acontecendo. Querem eles próprios dizer o que pensam sobre o assunto e não o que eu ou qualquer outro jornalista estamos achando ou querendo.

Prova disso é que no debate provocado pela carta de Sobreiro quase ninguém fez referência à coluna ou ao seu autor — os leitores discutiram entre eles. O que, convenhamos, é muito mais democrático do que o desfile de donos da verdade exibido pelo colunismo que assola a nossa imprensa.

17 de março de 2006

Assim morre um brasileiro

———— ⇾ ⇽ ————

INÁCIO MENDES DA SILVA ERA SEU NOME. Nasceu em Salgadinho, na Paraíba, há 52 anos. Casado com Lígia, tinha dois filhos e morava em Embu, na região metropolitana de São Paulo. Há três anos trabalhava como porteiro de um velho prédio da rua Oscar Freire, na região dos Jardins, onde ganhava 1.200 reais de salário.

De porte atarracado e pouco falar, sempre muito sério e reservado por trás dos óculos, sabia-se quase nada da vida de seu Inácio, como era chamado pelos moradores.

Os colegas do porteiro só lembram que ele sofria de pressão alta, mas não aparentava ter problemas mais sérios de saúde. Por volta das duas horas da tarde de domingo, ele deixou sua guarita para acompanhar um morador idoso do prédio até o restaurante. Na volta, caiu na calçada.

O que aconteceu a partir daí é um retrato 3x4 da sociedade brasileira do início do século XXI. Há nesta história alguns exemplos de solidariedade anônima e omissão pública, o funcionamento (ou não) dos serviços de emergência, o desamparo do cidadão sem padrinho e a corrupção que faz da morte um bom negócio na mão dos famigerados papa-defuntos.

Em volta do corpo deitado no chão, logo começou a juntar gente, cada vez mais gente, no sentido mais literal do significado da palavra gente. Seu Inácio estava tendo convulsões, mas ninguém se arriscava a encostar a mão nele. Celulares começaram a ser disparados para todos os números e em todas as direções: 190 (Polícia Militar), 192 (Samu) e 193 (resgate).

Eram moradores do prédio, porteiros da vizinhança, seguranças de um hotel, o homem da banca de jornal, casais que passavam pela rua, frentistas do posto ao lado. Ao todo mais de trinta pessoas improvisaram um mutirão. Até os meninos engraxates que trabalham na rua foram pedir socorro ligando de um orelhão.

Dois médicos que estavam almoçando no Santo Grão, o café mais badalado da cidade, vieram correndo e, após um rápido exame, diagnosticaram que seu Inácio havia sofrido um AVC (acidente vascular cerebral). Alguém foi pedir ajuda na Drogaria Paulista e voltou com um aparelho de medir pressão.

Enquanto isso, um dos médicos foi até a Onofre, outra farmácia próxima, para comprar o remédio Diazepan, mas os balconistas se recusaram a atendê-lo. Havia um homem morrendo a poucos passos dali, mas como o médico estava sem o receituário num dia de domingo de folga, não adiantou mostrar documentos, dar o número do seu CRM, assinar algum documento. Sem receita, nada feito, é a lei.

E o tempo passando. Meia hora depois, nada de ambulância, nenhum sinal da presença de qualquer servidor ou equipamento público de nenhum dos três poderes, apesar de a rua Oscar Freire ficar próxima a alguns dos maiores hospitais da região.

Após 35 minutos de agonia, chegou finalmente um carro da Polícia Militar, que nada podia fazer. No estado em que se encontrava, segundo os médicos, seu Inácio só poderia ser transportado numa ambulância. A primeira, do Samu, chegaria quarenta minutos depois de chamada, mas veio sem a equipe completa.

Os dois médicos voluntários que foram acudi-lo na calçada subiram então na ambulância e seguiram junto com seu Inácio para o Hospital das Clínicas. Cinco minutos depois que eles saíram, chegou o carro do resgate, tarde demais.

Jogado numa maca no corredor do pronto-socorro do Hospital das Clínicas, como dezenas de outros cidadãos necessitados de atendimento de emergência, seu Inácio morreu duas horas depois. A agonia da família, porém, estava apenas começando.

Os documentos de seu Inácio tinham ficado na guarita, mas um colega já os havia levado ao hospital quando seu corpo foi encaminhado para o Serviço de Verificação de Óbitos do HC. Mesmo assim, ele seria enterrado como indigente porque estava sem documentos ao ser internado, se a síndica do prédio, uma senhora polonesa determinada e conhecedora dos direitos da cidadania, não tivesse entrado no circuito.

O único funcionário de plantão atrás do guichê da repartição – "um moquifo malcuidado e sujo", na descrição da síndica – informou à viúva Lígia que para o marido não ser enterrado como indigente teria que ir a uma delegacia de polícia para registrar boletim de ocorrência.

No mesmo momento, aproximou-se um sujeito com o crachá virado ao contrário, sem se identificar, para saber o que estava acontecendo.

— Posso ajudar em alguma coisa? – ofereceu-se muito solícito o dito-cujo, que só mais tarde a síndica descobriria tratar-se de um dos papa-defuntos que fazem negócios no local.

A essa altura ele já tinha todas as informações sobre o morto e, sem ninguém lhe pedir, já foi logo dando o preço dos seus préstimos.

— Transporte para o Embu é difícil, mas por 800 reais eu consigo para vocês. O resto a gente acerta depois.

Inconformada com a sem-cerimônia do papa-defunto, como são conhecidos os agentes de funerárias particulares que disputam os mortos encaminhados para o Serviço de Verificação de Óbitos, a síndica dirigiu-se a um posto da polícia, que fica junto ao pronto-socorro, no extremo oposto do imenso complexo hospitalar das Clínicas.

Um investigador lhe informou que para liberar o corpo sem ir à delegacia ela precisaria de um laudo médico com a causa mortis. E lá se foi a síndica pronto-socorro adentro atrás de um certo dr. Luiz – "um médico baixinho" foi a única indicação –, que poderia lhe providenciar o laudo.

"O que eu vi foi um corredor de horrores, repleto de macas com pessoas berrando, fazendo necessidades ao lado de outras que tomavam soro, médicos muito jovens e estressados, correndo de um lado para o outro, e eu não consegui mais ir em frente. Eram cenas de degradação humana, parecia o inferno de Dante", conta a síndica, dias depois ainda revoltada com o que viu.

Ao perceber a aflição daquela senhora bem vestida que não conseguiu encontrar o tal médico, o investigador resolveu ajudá-la. Também ele nada conseguiu, como explicou depois de encontrar o dr. Luiz. "O médico me disse que pelas leis vigentes no país ele não pode fornecer o laudo porque o paciente só ficou duas horas dentro do recinto do hospital. O período mínimo necessário para o fornecimento do laudo é de 48 horas."

Sem ter como contra-argumentar tratando-se de leis vigentes no país, toca a nossa síndica a voltar de mãos abanando para o Serviço de Verificação de Óbitos. Lá já não encontrou um só, mas vários papa-defuntos, todos de celular na mão, dando ordens como se fossem funcionários, certamente atraídos pelo movimento que aumentou no final da tarde de domingo. Cada vez que ela voltava à repartição, era obrigada a entrar no final da fila, que não parava de crescer diante do único funcionário do guichê.

Oito da noite, e o impasse prosseguia. A síndica achou melhor levar a viúva e os outros parentes de Inácio para o seu apartamento e providenciar um lanche, enquanto o subsíndico, um homem de boas relações nas esferas governamentais, ficaria cuidando da liberação do corpo.

Ao sair do hospital, ela voltou a pedir a ajuda do investigador de polícia, que a encaminhou a duas funcionárias do serviço social do HC, as únicas pessoas não estressadas naquele ambiente de esperanças terminais. Tão tranquilas estavam que ignoraram a presença da síndica.

— Mas outra vez? Já demos todas as informações para os parentes desse senhor. Será que vou ter que repetir tudo de novo?

— Vai, sim! Porque sou eu que pago o teu salário com os meus impostos! Agora você vai me dizer como faço para enterrar o meu funcionário sem ter que pagar esses papa-defuntos que têm aí.

Só então ela ficou sabendo que a apenas três quadras de onde estava funciona um posto do Serviço Funerário Municipal, junto ao cemitério do Araçá — informação básica que estranhamente não está indicada em nenhum lugar do HC onde morre muita gente todo dia. Pela última vez, já às nove da noite, agora acompanhada do investigador, a síndica voltou ao guichê do Serviço de Verificação de Óbitos. Ao ver o policial, os papa-defuntos sumiram.

Nossa síndica resolveu ir até o fim da história e pediu para outra pessoa levar os parentes de Inácio até o seu apartamento. No Araçá, levou outro susto, mas dessa vez por razões opostas. Encontrou, segundo ela, um serviço de primeiro mundo, com atendentes educados e solícitos, que lhe deram todas as informações e resolveram rapidamente pelo computador todos os entraves da burocracia.

Com transporte, caixão, velório, velas e até flores, ficou tudo por 443 reais (apenas para lembrar, o papa-defunto pediu 800 reais só para levar o corpo até Embu). Além de mal atendidos, os parentes dos brasileiros, a maioria pessoas humildes, que morrem no HC ainda por cima são roubados.

Inconformada com os contrastes que encontrou nas duas repartições públicas, a síndica resolveu fazer uma última, singela pergunta à funcionária do Serviço Funerário Municipal:

— Posso saber por que vocês não mantêm um posto dentro do Hospital das Clínicas?

— Porque nos expulsaram de lá.

Estava tudo explicado. Os papa-defuntos privados tinham limpado a área e eliminado a concorrência, quer dizer, o serviço público.

Onze horas da noite, com tudo resolvido, a senhora polonesa que veio para o Brasil em 1968, o inesquecível ano do AI-5 que jogou o país nas profundezas da ditadura, ficou com uma outra pergunta na cabeça: "Por que o brasileiro trata tão mal seus irmãos mais pobres?"

7 de abril de 2006

A Varig não pode morrer

―――――― ⇾ ⇽ ――――――

"Obrigado por seguirem confiando e apostando na gente. Torçam por nós", pediram aos passageiros as comissárias do vôo da Varig que chegou ao Rio, vindo de São Paulo, às sete horas da manhã de quarta-feira, segundo nota publicada na coluna do Ancelmo Gois, em *O Globo*.

Virou rotina nessas últimas semanas. A crise da empresa que já foi o maior símbolo da aviação comercial brasileira está levando seus funcionários, incluindo os pilotos, a fazer patéticos pedidos de solidariedade diretamente aos passageiros para que possam continuar voando.

Para quem tem mais de 50 anos, a dramática situação da Varig não representa simplesmente a ameaça de fechamento de mais uma empresa qualquer, como tantas outras que a cada dia baixam as portas para sempre em nosso país enquanto outras são abertas. Mais do que uma companhia aérea, a Varig era uma extensão do Brasil no exterior.

Só quem já viveu fora do país pode ter idéia de como seus escritórios no exterior – chegaram a ser 111 nos anos 1970 – eram nossos salvadores da pátria na hora em que batia saudade de notícias do Brasil.

Ali a gente sempre encontrava não só jornais e revistas, mas também amigos para espantar o banzo e um alegre burburinho que nos fazia lembrar um boteco nativo. Em viagens a passeio para o exterior, a gente tinha duas alegrias: uma logo ao embarcar, quando o serviço de bordo já era prenúncio de festa que nos fazia pensar em algum fino restaurante francês; outra na hora de voltar, pois só de entrar num avião da Varig a gente já se sentia de novo no Brasil.

Dava orgulho de ver a bandeira brasileira na fuselagem dos barulhentos Boeing 707 estacionados mundo afora e de ouvir passageiros de outros países elogiando a nossa Varig, sempre comparada às melhores empresas do mundo. Depois, quando vieram os DC-10, aí então parecia que a gente era de primeiro mundo.

De uns dez anos para cá, sei lá, a história bonita que era a saga de uma pequena empresa regional gaúcha fundada pelo alemão Otto Meyer e que conquistou respeito no mundo da aviação virou uma novela mexicana.

Até atingir sua atual dívida de 10 bilhões de reais, a Varig não parou de demitir funcionários e devolver aviões, uma tragédia de má gestão empresarial bem contada pela *Exame*, em sua edição de 23/3/2006, sob o título "Caviar e contratos milionários".

Na reportagem, a revista conta a que ponto chegou a bagunça gerencial da empresa, que gasta 6 milhões de reais por ano só em caviar (oferecido no câmbio negro à grã-finagem carioca por módicos 90 reais a latinha), enquanto atrasa o salário de seus 11 mil funcionários, freqüentemente ainda por cima humilhados por passageiros irados quando os vôos atrasam ou simplesmente são cancelados, como vem se tornado rotina.

Se para os passageiros a velha Varig significa muito mais do que apenas um meio de transporte aéreo, para os funcionários, que sempre vestiram com muita garra a camisa da empresa, a luta pela sua sobrevivência vai além da manutenção de um emprego com carteira assinada. Seu possível fechamento certamente representará a perda de um bom pedaço da vida de cada um.

Como não sou especialista em gestão de empresas aéreas, nem em qualquer outra coisa, não sei explicar os motivos que levaram a essa situação nem apontar quem seriam os culpados por isso. Mero cronista do cotidiano, limito-me a registrar fatos que podem eventualmente interessar aos leitores.

No caso da Varig, me dá uma tristeza danada ver o que aconteceu, mas não sei também qual é a solução. Nos jornais desta quinta-feira em que escrevo a coluna, já se especula que seus aviões podem não levantar mais vôo nos próximos dias até por falta de combustível.

Sei apenas que alguma coisa precisa ser feita para salvar uma empresa que foi fundada há quase oitenta anos e esteve presente em momentos importantes da vida de cada um de nós, e não só nas conquistas das copas do mundo.

Sem procuração de ninguém, faço aqui um humilde apelo em nome de passageiros e funcionários aos meus amigos do governo, grandes empresários nacionais e bancos em geral: a Varig não pode morrer.

14 de abril de 2006

Um Oriente Médio aqui mesmo

―――――― ➢ ➣ ――――――

SERÁ QUE ALGUÉM AINDA SE COMOVE com a foto de Mohammed Salem, da agência Reuters, publicada no alto da primeira página da *Folha de S.Paulo* da última terça-feira — jovens palestinos carregando nos braços duas menininhas feridas após mais um ataque israelense na faixa de Gaza?

A repetição das cenas de dor e violência resultantes dos confrontos entre israelenses e palestinos estampadas nas capas de jornais do mundo todo, ano após ano, já faz parte de uma rotina trágica que parece não chocar mais ninguém.

Não sei se morre mais gente todo dia aqui ou no Oriente Médio pelas mais diferentes razões, que vão da intolerância religiosa ou racial às condições de vida das populações mais carentes, passando pelo narcotráfico e pelo crime muito bem organizado. Mas é certo que a indiferença diante da morte no atacado parece ser a mesma, tanto que recentes matanças em série já nem merecem destaque nas primeiras páginas da nossa imprensa.

Enquanto isso, vão desaparecendo as fronteiras entre noticiário político e policial, de tal forma que as enxurradas de denúncias de corrupção são superadas umas pelas outras, causando mais desencanto do que indignação, logo passando a fazer parte da paisagem, sem chamar mais a atenção do distinto público.

Em meio ao tiroteio interminável entre situação e oposição para saber quem tem mais culpa no cartório dos malfeitos, o conflito político ganhou vida própria e entrou pela campanha eleitoral. A menos de seis meses das eleições gerais, o clima de beligerância chegou a tal ponto que já se compara esta campanha presidencial a um Fla-Flu, como se não estivesse em jogo o destino do país.

Não se discutem planos, propostas, um projeto nacional. Os analistas políticos já dão de barato que vamos ter uma "campanha sangrenta", sem que ninguém se dê conta do que isso representa para a nossa jovem e frágil democracia a duras penas conquistada. A oposição se divide entre os que querem "deixar o governo sangrar até a eleição" e os defensores do *impeachment*, a turma do "sangue já".

Fala-se em sangue com a naturalidade de quem pede mais um copo d'água. Até agora, as instituições democráticas e a estabilidade econômica resistiram à interminável crise política. Até quando?

Numa longa entrevista de que participei na semana passada com o ex-ministro Ciro Gomes, a ser publicada no próximo número da revista *Caros Amigos*, ele constata nunca ter visto um clima de violência igual em seus trinta anos de vida pública.

A menos de seis meses das eleições gerais, já não há mais mediação entre os agentes políticos, não se respeitam limites nem regras na guerra política. Até familiares de candidatos estão sendo atirados no centro de um ringue sem juiz.

Ciro nos chamou a atenção para o perigo iminente dessa escalada de intolerância, que mais adiante pode contaminar o eleitorado, deixando a "campanha sangrenta" de ser mera força de expressão para se tornar um risco real. Não que os candidatos resolvam matar uns aos outros, é claro.

Ao se dividir o eleitorado entre os mais ricos com educação superior, de um lado e, de outro, os pobres ignorantes mal informados para explicar os resultados das últimas pesquisas, cria-se um cenário de confronto de classes que uma hora pode sair dos confortos das colunas da imprensa e dos salões do Congresso Nacional para os botecos e as ruas da vida real.

Estão esticando a corda além do que o bom senso recomenda, detonando sem piedade biografias, vidas privadas, bem-sucedidas carreiras profissionais. Nesse clima de ninguém presta, cresce como mato em tempo de chuva a campanha do voto nulo, que já toma conta da internet. A seguir nessa balada, entre mortos e feridos, ninguém estará a salvo – como acontece há décadas no Oriente Médio.

Tempos atrás, quando ainda havia clima para conversar, falei com amigos do governo e do alto tucanato sobre a necessidade de se garantir um mínimo de civilidade na disputa eleitoral para preservar as instituições.

Pelo jeito, fracassei no meu papel de bombeiro voluntário, mas acho que a gente poderia aproveitar esses dias de Semana Santa para refletir um pouco sobre o que cada um de nós é capaz de fazer para tornar o ar mais respirável e o convívio menos belicoso.

De doer o coração foi outra fotografia publicada pela *Folha*, no sábado passado, que mostrava uma aeromoça da Varig deixando cair sentida lágrima diante da situação da empresa. O belíssimo trabalho de Flávio Florido certamente não salvou a Varig da falência, tema da minha coluna anterior, mas deve ter cativado mais gente a pelo menos discutir saídas para evitar a iminente suspensão dos seus vôos.

Como de costume nesses assuntos polêmicos, os leitores se dividiram meio a meio — uma parte, tripulantes e antigos passageiros, agradecendo o que escrevi; a outra, descendo o cacete na base do "com o meu dinheiro não!" Apanhei feito cachorro magro.

As críticas mais elegantes recomendavam que pagasse a dívida da Varig com dinheiro do meu bolso. Como a dívida já passa de 7 bilhões de reais, consultei o gerente do banco e fui informado de que isso não seria possível nem mesmo raspando todo meu FGTS.

De qualquer forma, não me arrependo de ter escrito a coluna, já que mais de cem leitores se manifestaram mostrando a importância que a Varig, apesar de tudo, ainda tem na vida nacional.

Pode não ser politicamente correto, mas não resisto a partilhar com os leitores esta historinha que me chegou pela internet.

O Centro Sísmico Nacional enviou à polícia da cidade nordestina de Catolé do Amparo Velho um telegrama que dizia:

"Possível movimento sísmico na zona. Ponto. Muito perigoso, superior Richter 7. Ponto. Epicentro a três quilômetros da cidade. Ponto. Tomem medidas. Ponto. Informem resultados com urgência. Ponto."

Uma semana depois, foi recebido no Centro Sísmico Nacional este telegrama:

"Aqui é da Polícia de Catolé do Amparo Velho. Ponto. Movimento sísmico totalmente desarticulado. Ponto. O tal Richter tentou fugir, mas foi abatido a tiros. Ponto. Desativamos as zonas. Ponto. As putas estão todas presas. Ponto. Epicentro e três cupinchas detidos. Ponto. Não respondemos antes porque aqui teve um terremoto do c******. Ponto."

Ao terminar de ler este pequeno mal-entendido, lembrei de um episódio de muitos anos atrás quando os jornais resolveram fazer cobertura de enchentes por telefone para economizar nas despesas da redação. O repórter encarregado da "cobertura" desandou a ligar para os prefeitos da região atingida sempre com a mesma pergunta:

— Como está o problema das enchentes aí na sua zona? – Foi anotando tudo às pressas, até que um deles, candidamente, lhe respondeu:
— Na zona não tem mais nenhum problema porque mandei tirar todas as putas de lá. Mas o resto da cidade ainda tá debaixo d'água...

21 de abril de 2006

Um brasileiro diferente

———— ➔ ✦ ————

A 200 QUILÔMETROS DO CENTRO DE SÃO PAULO, é possível encontrar um brasileiro feliz. Plantado à beira-mar, este ano ele só foi uma vez à capital, o que ajuda a explicar a sua maneira mansa de encarar a vida e o mundo. Apesar de ser comerciante, só reclama quando o movimento do seu bar-restaurante aumenta muito, como nos feriados da Semana Santa, e ele é obrigado a se desdobrar para atender a freguesia.

Desde que largou a faculdade de biologia e a loja de pneus que tinha em São Paulo, no começo dos anos 1980, Renato Krunfli, o Cotô, de 43 anos, iniciou uma carreira ao contrário, que sempre larga quando ameaça dar certo. Sem a juba que lhe rendeu o apelido de Cotonete na juventude, de que lhe sobrou o Cotô, foi rodando o Brasil em busca de paz, não de fortuna.

"Você tá maluco? Quer me arrumar confusão aqui?", reage ele quando lhe dou alguma sugestão para melhorar o movimento, fazer propaganda para atrair mais freguesia, aumentar o negócio. Numa terra em que as pessoas consideradas normais são desafiadas a sempre ganhar mais, subir na vida, levar vantagem em tudo, o amigo agradece com um sorriso, mas dispensa minha colaboração.

Ao chegar a Toque-Toque Pequeno, então uma pequena aldeia de pescadores no município de São Sebastião, no litoral norte paulista, havia lá apenas um pequeno camping, e o mundo do consumo se limitava ao Huanas, boteco de uma porta que vendia cerveja quente, cachaça ruim e peixe frito.

Cotô alugou o boteco, comprou um barco e virou pescador. Por necessidade, aprendeu a cozinhar. Quando a fama do seu bar chegou a Maresias, uma badalada praia próxima, e o movimento aumentou, ele pegou suas coisas e foi embora para São Sebastião, onde alugou um restaurante que servia a melhor caldeirada da cidade.

Tão boa era a comida do Dom Armando que a freguesia não parava de crescer, o que levou Cotô a tomar uma decisão mais radical. Cansado do sucesso e depois de ser assaltado pela primeira vez, vendeu o ponto, colocou o pouco que tinha na caçamba de uma caminhonete D-20, chamou a Brite, uma boxer branca, e os dois foram subindo o litoral brasileiro, parando pelo caminho.

Levou três meses para chegar até a Bahia. Dedicou-se outro tanto de tempo ao ócio e, no caminho de volta, passando por Minas Gerais, ancorou em Monte Verde, uma belíssima paisagem no topo da Serra da Mantiqueira. Logo abriu um outro bar no meio do mato, em lugar de difícil acesso, o que lhe garantia o sonhado baixo movimento.

Em 1998, estava de volta a Toque-Toque Pequeno, após uma rápida recaída em São Paulo, onde ganhava um bom dinheiro com uma representação de alimentos finos para restaurantes. "Um dia surtei com o trânsito, o barulho, a poluição, sei lá, vim pra praia e não saí mais daqui."

O mesmo velho bar estava novamente para ser alugado. Cotô mudou o nome para Barracuda, um peixe predador, e resolveu virar um homem sério. Deu uma bela ajeitada no lugar, casou-se com Débora, uma administradora de empresas que mora em São Paulo e vai visitá-lo com o filho deles nos finais de semana.

O segredo da felicidade é simples. "Ficar olhando o mar, pegar uma onda, uma noite de lua, dar um mergulho, cozinhar para os amigos e ver a família de vez em quando... Tenho até obrigação de ser feliz..."

Sei que em meio a tanta desgraça pode até pegar mal contar a história de um brasileiro que confessa sua felicidade. O leitor poderá se perguntar: e eu com isso? A única coisa que posso fazer para ajudar mais gente a descobrir a beleza desse lugar, para desgosto do meu amigo Cotô, é entregar o endereço eletrônico: www.barracudabeachbar.com.br.

29 de abril de 2006

O novo JB e o museu de cera

———— ⇾ ⇽ ————

O SONHO DE TODO JORNALISTA BRASILEIRO DA MINHA GERAÇÃO era trabalhar no *Jornal do Brasil*. Posso me considerar um cara feliz, porque consegui realizar este sonho quatro vezes.

A primeira, já faz quase quarenta anos, quando estava começando a carreira no *Estadão*. Passei rapidamente pelo *JB*, na sucursal paulista, ao não resistir a um convite do Alberto Beutenmuller, repórter dos bons de cultura e esportes, que conhecia das coberturas e dos bares da Galeria Metrópole. Mesmo sem pedir demissão no emprego anterior, fui-me embora um dia, aborrecido com alguma coisa que agora não me lembro. Caminhei não mais do que 200 metros, a distância que separava um jornal do outro, do magnífico prédio do *Estadão*, na rua Major Quedinho, até a pequena redação do *JB*, na avenida São Luiz. Menos de um mês depois, voltei ao emprego anterior, onde acabei ficando por mais de dez anos.

A segunda, ao ser convidado pela Dorrit Harazim para ser correspondente do *JB* na então Alemanha Ocidental, em 1977. Era a época do polêmico acordo nuclear Brasil–Alemanha, da explosão do terrorismo do Baader-Meinhof por lá e das lutas pela redemocratização por aqui, enquanto o mundo ainda vivia a Guerra Fria. No breve período que passei na Europa, antes que a saudade me fizesse voltar, morreram dois papas, o que me deu a chance de trabalhar junto com Araújo Netto, o decano dos correspondentes internacionais do *JB*, uma figura adorável.

A terceira, em 1986, levado por Augusto Nunes, que tinha acabado de assumir a direção da sucursal do *JB* em São Paulo, onde montou em pouco tempo uma verdadeira seleção brasileira de jornalistas. Hoje, exatos vinte anos depois, quando abro o *site* e vejo no canto esquerdo do *NoMínimo* a escalação do time, reencontro boa parte daquela turma do *JB*, tanto da sucursal paulista como da sede carioca, novamente reunida no mesmo lugar – entre eles, meu dileto editor Roberto Benevides, que era repórter de esportes.

A quarta e última vez em que trabalhei no *JB* foi no começo dos anos 1990 (havia saído um ano antes para trabalhar na primeira campanha presidencial de Lula e depois voltei para o jornal). Naquela altura, o jornal já dava os primeiros sinais da crise financeira da qual até hoje não saiu. Um a um, os grandes nomes que fizeram o *JB* foram deixando a empresa, e eu fui perdendo o hábito de ler o jornal que por muito tempo serviu de modelo para a imprensa brasileira.

Por uma dessas felizes coincidências da vida, na última semana reencontrei-me duas vezes com essa que foi uma das grandes paixões da minha vida profissional. Assim que cheguei ao hotel no Rio, fui a uma banca na rua Maria Quitéria, em Ipanema, e ali mesmo comecei a folhear o novo *JB*, agora num formato tablóide chamado *berliner*.

Passado o susto inicial – foi como reencontrar uma velha amiga que acabou de passar por uma cirurgia plástica das mais radicais –, tive vontade de bater palmas para quem teve a idéia e a concretizou. O jornal ficou muito bonito, embora ainda padeça do mesmo mal do restante da imprensa brasileira: muita coluna, quase nada de reportagem, notícias que já tinha lido na véspera na internet. É o jornalismo *fast-food* em nova embalagem.

Na mesma noite, fui levado por Marcelo Auler a uma festa da "turma antiga" do *JB*, num lugar muito bonito da Lapa (também ela recentemente repaginada), o Rio Scenarium (cada nome!), com música ao vivo e tudo. Sem nenhuma maldade, até porque me incluo entre eles, parecia estar entrando num museu de cera ao rever aqueles personagens que fizeram a história do *Jornal do Brasil* nas décadas de 1950 a 1990.

De Wilson Figueiredo a José Silveira, de Alberto Dines a Jânio de Freitas, de Walter Firmo a Evandro Teixeira, que ainda trabalha lá, junto com o imortal Luiz Orlando Carneiro, as muitas redações do jornal estavam ali reunidas, fazendo todo mundo viajar pelo túnel do tempo das nossas vidas.

Voltei do Rio, agora há pouco, feliz por descobrir que o nosso *JB* ressuscitou, pelo menos nas conversas dos jornalistas e dos jornaleiros, e pode ter encontrado um caminho para repetir a sua sina: ser um veículo que não tem medo de ousar, de inovar, de romper com velhos padrões, como já fez em outros tempos. Quem sabe, até servir novamente de modelo. Ficou melhor de ler o *JB* – falta só ter mais o que se ler nele.

Para conseguir isso, o jornal conta com dois profissionais de primeira que fizeram parte daquela turma da sucursal paulista dos anos 1980: o diretor Augusto Nunes, também aqui do *NoMínimo*, e a editora-chefe Ana Maria Tahan, a minha querida "Aninha Tantan", que é sempre chegada a novos desafios, sem medo de errar, sempre às gargalhadas. Junto com eles, novamente aprontando coisa boa, está meu amigo Ziraldo, o próprio "menino maluquinho", palpiteiro geral e editor do Caderno B, que já foi praia de Zuenir Ventura. Não tem jeito. Roda, roda, roda e a gente acaba sempre falando dos mesmos personagens de museu de cera.

5 de maio de 2006

O dono de jornal que virou repórter

———— →← ————

Nos reencontros com velhos amigos, que estão se tornando uma rotina para mim nestes últimos dias, na quarta-feira foi o dia de rever a turma da *Folha de S.Paulo*, jornal onde trabalhei em duas temporadas por quase uma década. O motivo era mais do que justo: a entrega do prêmio Personalidade da Comunicação, concedido pela Mega Brasil, do Eduardo Ribeiro, a Octavio Frias de Oliveira, dono do maior jornal brasileiro em circulação e meu velho amigo.

Tinha sérias dúvidas de que ele apareceria na homenagem a ele mesmo no Centro de Convenções Rebouças. Seu Frias, como gosta de ser chamado – desdenha de quem o trata de "doutor" – sempre teve aversão a esses paparicos dispensados aos barões da mídia brasileira. Aos 93 anos, ele é o último remanescente de uma geração de donos de jornal que continua cotidianamente à frente do negócio e só vai para casa depois de ver a primeira página pronta na tela do computador.

Ao contrário de muitos de seus contemporâneos, seu Frias não gosta que falem dele no jornal e muito menos que publiquem seu retrato nas páginas da *Folha*. "Meu negócio é ganhar dinheiro. Eu pago vocês para fazer o jornal", justificava, desde os tempos do grande Cláudio Abramo, o mestre que o ajudou a transformar um jornal de porte médio e influência regional no maior diário do país.

O objetivo dele poderia ser esse mesmo de ganhar dinheiro quando comprou o jornal em 1962, junto com o sócio Carlos Caldeira Filho, mas com o tempo foi tomando gosto pela notícia — de preferência exclusiva, em primeira mão, como se dizia. Ao mesmo tempo em que acompanhava pessoalmente as receitas e as despesas do jornal — tinha verdadeiro pavor de "entrar no vermelho" —, seu Frias alimentava uma obsessão por ser bem informado, até para poder zelar melhor pela empresa.

"Um bom jornal se faz com bons jornalistas", ensinava o velho homem de imprensa, dizendo que aprendeu isso com Nabantino Ramos, ex-proprietário da *Folha*, embora muitos colegas garantem que o autor da frase é ele mesmo. Seja como for, seu Frias sempre procurou se cercar de profissionais da maior competência. Aos poucos, ele mesmo foi se transformando num repórter, mais perguntando do que falando aos protagonistas da cena brasileira que iam se encontrar com ele no amplo e discreto gabinete do 9º andar do prédio da alameda Barão de Limeira, 425, de onde acompanha o dia-a-dia do jornal.

Na longa agonia de Tancredo Neves, a *Folha* tinha um batalhão de repórteres em Brasília. Um belo dia, toda a equipe foi surpreendida com a manchete do jornal. Enquanto toda a imprensa, inclusive nós, atribuía os males do presidente eleito, que fora internado no Hospital de Base às vésperas da sua posse, a uma diverticulite, a manchete do jornal falava em tumor maligno. Quer dizer, fomos todos "furados" pelo nosso próprio jornal — e, o que é pior, como viria a saber mais tarde, pelo dono do jornal, que obtivera a informação exclusiva.

Outra vez, já durante o governo José Sarney, seu Frias me ligou bem cedo em casa para "ir atrás do Bresser Pereira, que vai ser o novo ministro da Fazenda". Fui atrás dele no antigo Palácio dos Campos Elíseos, onde ficava seu gabinete de Secretário de Ciência e Tecnologia do governo estadual. Ninguém sabia onde estava Bresser Pereira. Fui encontrá-lo no saguão do Hospital Sírio Libanês onde fora visitar um parente que ali estava internado. Levou um susto quando lhe disse o motivo da minha presença.

"Mas eu não sei de nada disso, ninguém falou comigo", garantiu-me o secretário, um ex-colaborador da *Folha*, como tantos outros que mais tarde viriam a ocupar importantes cargos públicos – entre eles, o ex-presidente Fernando Henrique Cardoso, também presente à homenagem de quarta-feira. Do hospital, o ainda secretário iria direto para a Cidade Universitária onde faria parte de uma banca examinadora na Faculdade de Economia e Administração da USP.

Pedi para ir junto, e fomos conversando no carro sobre os rumos da economia brasileira, com o compromisso de que eu nada publicaria caso sua nomeação para o Ministério da Fazenda não fosse confirmada. No meio da prova, Bresser foi chamado com urgência ao telefone. Era o presidente José Sarney, e ali mesmo ele ficaria sabendo oficialmente que era o novo ministro, bem depois de a informação chegar a seu Frias.

O dono de jornal que virou repórter divertia-se com esses episódios que ele encarava como um desafio, uma gincana, um jogo em que só entrava para ganhar, a exemplo de tudo o que fez na vida. Só uma vez, que eu me lembre, ele errou feio nas suas previsões. Quando fui me despedir dele no começo de 2002 para novamente trabalhar numa campanha presidencial de Lula, seu Frias brincou comigo. "Você é maluco, mas o que é que eu posso fazer? Vocês vão perder de novo e, no dia seguinte à eleição, quero que você volte a trabalhar aqui."

Pois seu Frias acabou comparecendo à homenagem, e até leu um breve discurso, fugindo aos seus hábitos. "Procuro ter em mente aquele verso de Kipling no qual o escritor inglês fala do sucesso e do fracasso como dois impostores. De minha parte, experimentei ambos. Acima dessas vicissitudes, penso que o mais importante é trabalhar com afinco naquilo de que se gosta."

Sábio, seu Frias. Por coincidência, passados quatro anos daquela nossa conversa de despedida, voltei nesses dias a fazer uma reportagem, o trabalho que mais me dá prazer na vida, a ser publicada neste fim de semana em vários jornais. Embora não goste de ser chamado de jornalista, esse "protagonista da imprensa brasileira", como o chamaram durante a homenagem, foi um dos melhores com quem trabalhei.

19 de maio de 2006

A guerra vista de longe

———— ⇾ ⇽ ————

PARA SORTE MINHA – e dos leitores, certamente – estava fora de São Paulo nesses dias de guerra nas ruas da minha cidade. Dessa forma, vou poupá-los de palpites sobre o que deve ser feito na área da segurança pública, assim como de teses e análises sociológicas, temas que assolaram a mídia na última semana, pontificando sobre as causas e os culpados pela violência na terra de ninguém.

Como de costume, com as pessoas trancadas dentro de casa enquanto o pau quebrava lá fora, e os mortos de ambos os lados na terra conflagrada se multiplicavam nas estatísticas do terror, reapareceram os sábios de sempre e suas soluções milagrosas.

Às sete horas da manhã de segunda-feira, embarquei em Congonhas e, apenas 45 minutos depois, parecia estar desembarcando em outro país. Estava em Navegantes, no litoral norte de Santa Catarina, deixando para trás as imagens de uma cidade assombrada, com marcas de atentados e mortes às dezenas, sem ônibus nas ruas, as pessoas caminhando a pé ainda no escuro para o trabalho.

A pacata e bela cidade catarinense ainda estava acordando na sua placidez eterna quando o fotógrafo Hélio Campos Mello e eu pegamos um carro alugado no aeroporto e seguimos para Massaranduba, cidade de 13 mil habitantes, no vale do rio Itajaí—Açu, que ostenta o terceiro melhor IDH (Índice de Desenvolvimento Humano, que avalia educação, saúde e longevidade) do país, nosso destino nesse novo trabalho em busca de um Brasil que não está na mídia.

Ao longo de menos de uma hora de viagem, passando por campos de arroz cultivados com esmero, casas com hortas e jardins floridos e fábricas funcionando a pleno vapor, a impressão que me dava era de ter saído do Iraque, que a gente vê pela televisão, e voltado ao interior da Alemanha, onde vivi no final dos anos 1970.

Fiquei me perguntando como é possível encontrar paisagens físicas e humanas tão diferentes sem sair das fronteiras do meu país na mesma manhã de segunda-feira. "Pode deixar aberto, aqui não precisa trancar o carro", já foi logo me ensinando o Amantino Dall'Agnol, um gaúcho de 64 anos, diretor de Agricultura e Meio Ambiente da Prefeitura, o nosso guia na incursão a um Brasil que vive sem medo em casas sem grades.

Pelo celular, nossas mulheres nos informavam a todo o momento dos últimos acontecimentos na guerra urbana paulistana: as escolas fechando, o médico da neta cancelando consulta, o horror se espalhando. Era brutal o contraste com tudo que estávamos vendo e ouvindo nas estradas de chão onde vivem os colonos-operários, descendentes de alemães, italianos e poloneses, que ganham a vida dividindo longas jornadas de trabalho entre suas lavouras e o emprego nas indústrias.

À noite, no restaurante do modesto hotel San Nickolas, em Vila Itoupava, as pessoas simplesmente não acreditavam no que estavam vendo na televisão – aquelas cenas de ônibus queimados, presídios rebelados, carros de polícia singrando com sirenes ligadas entre delegacias atacadas com coquetéis molotov, corpos caídos e o choro dos parentes, autoridades perplexas tentando explicar o que não conseguiam sequer entender.

Não, não era um filme de terror, nem noticiário do Oriente Médio. Era tudo aqui mesmo, ao vivo, acontecendo na maior cidade do país, onde quase todo mundo ali tem um parente, um amigo. Diante da mesa farta, ao som de crianças sadias correndo destrambelhadas pelo salão, sem seguranças na porta, os mais velhos em conversas sem ansiedades ou temores, a vida seguindo sua rotina sem sobressaltos, por um momento me senti um estrangeiro no meu país.

Que estranha gente aquela, em que o operário mora vizinho do dono da fábrica onde trabalha, e os dois ainda tocam as lavouras de arroz nas horas vagas, cada um a sua... Talvez isso explique porque, durante os três dias que passei lá, eu não tenha cruzado com policiais nas ruas, nem mendigos, nem menores abandonados, mas com muitos idosos se divertindo nos clubes da terceira idade, nas canchas de bocha e nos botecos. Eles também devem ter nos achado uns caras meio esquisitos, desses que passam o dia falando no celular com cara de preocupação...

Se os sábios pós-tragédia e as autoridades de plantão fizessem uma breve viagem a esses pagos do sul do país, talvez encontrassem na boa e justa distribuição de terra e renda soluções bem simples para a superação dos brutais contrastes sociais nas grandes cidades que geram a violência permanente nas relações da sociedade brasileira – e que, de quando em quando, explode.

26 de maio de 2006

De repente, uma trégua geral

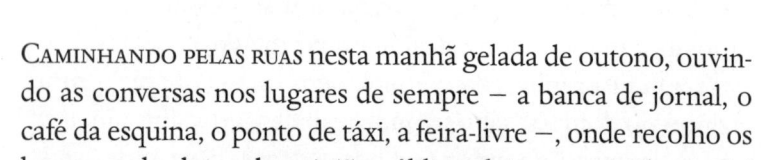

———— ⇢ ⇠ ————

CAMINHANDO PELAS RUAS nesta manhã gelada de outono, ouvindo as conversas nos lugares de sempre — a banca de jornal, o café da esquina, o ponto de táxi, a feira-livre —, onde recolho os humores da chamada opinião pública, dei-me conta de que há muito tempo nesta cidade não se respirava um pouco de paz.

Depois da guerra que deixou quase 200 mortos na semana passada, muitos deles ainda anônimos, parece que todo mundo fez um acordo para dar um tempo — uma espécie de trégua geral que se reflete até nas manchetes dos jornais, agora mais ocupados com a Copa do Mundo e a campanha eleitoral.

Melhor assim. De crise em crise, de denúncia em denúncia, de CPI em CPI, houve um momento em que começamos a temer que o fim do mundo não passaria de amanhã. Agora, nem com a brusca queda nas bolsas e a disparada do dólar as pessoas se deixam abalar, até porque a maioria não dispõe de ações e muito menos de dólares para ficar se preocupando com a alta dos juros nos Estados Unidos.

Há algum tempo, venho notando, cresce o abismo entre aquilo que é muito importante, decisivo, fatal para nós, jornalistas, e o que realmente interessa aos leitores transeuntes pela vida. Claro que, em meio ao tiroteio entre o PCC e a PM, os simples mortais — naquele momento ainda mais mortais — preferiram ficar em casa para ver a guerra pela televisão. Passado o susto, porém, a rotina retomou seu leito como se nada tivesse acontecido, e o trânsito voltou a ficar congestionado nos mesmos horários.

A apenas duas semanas do início da Copa na Alemanha e a quatro meses das eleições gerais no Brasil, os astros televisivos das CPIs agora já estão convocando até ex-mulher de ex-amigo de ex-ministro e se divertem com a acareação entre dois advogados de bandidos, mas já não conseguem mais garantir seu espaço cativo no noticiário como vinha acontecendo há um ano.

Chega uma hora em que, de tanta repetição, tudo cansa, e a platéia já não se interessa mais em ficar batendo palmas para ver louco dançar no picadeiro.

Foi nisso que pensei ao sair de um longo e agradável almoço com o governador Cláudio Lembo, na quarta-feira. Tive mais uma vez a noção da força do destino nas nossas vidas e de como não adianta querer lutar contra ele ou praguejá-lo.

Passados os dias de terrível tensão que viveu na semana anterior, algo que ele, um homem metódico e sempre tranqüilo, jamais imaginava que um dia fosse obrigado a encarar, o velho professor não se queixou da vida nem do destino, preferindo conversar sobre o futuro, como quem diz: meu filho, não tem jeito de mudar o que já aconteceu. Melhor é se preparar, sem angústias, para o que ainda pode acontecer.

À noite, na mesma quarta-feira, jantando aqui em casa com o senador Aloizio Mercadante, meu velho amigo e parceiro, um dos candidatos que pode vir a ocupar a cadeira de Lembo no próximo ano, repassamos nossas andanças desde a primeira campanha presidencial de Lula, faz quase vinte anos.

Fora a considerável perda de cabelos de ambas as partes, só o fato de termos chegado vivos até aqui, e ainda podermos rir das nossas próprias mancadas nas muitas viagens que fizemos juntos, já está de bom tamanho, também não podemos reclamar da vida. Descobrimos que continuamos sendo os mesmos idealistas, sonhando os mesmos sonhos de sempre, fazendo as mesmas brincadeiras de sacanagem um com o outro e ouvindo das nossas mulheres as mesmas queixas de quando éramos cabeludos.

A diferença é que agora já tinha uma netinha sentada à mesa participando da conversa. Até me esqueci de que naquela noite o *Jornal Nacional* iria anunciar o resultado da nova pesquisa Datafolha sobre a eleição presidencial e o meu São Paulo estava jogando contra o Palmeiras, temas das conversas que ouviria no dia seguinte entre as barracas da feira da Barão de Capanema. Que diferença faria saber os resultados antes de dormir? Poderia mudá-los?

O fato de eu ficar preocupado com a subida do nível das águas não vai mudar o curso do rio que corre para o mar nem evitará a enchente. Com o tempo, só com o tempo a gente vai aprendendo essas coisas simples que ajudam a tornar a vida mais leve. Depois de um tempo de guerra, é sempre assim, vem essa repentina sensação de paz que a gente até estranha, não sabe quanto tempo dura, mas é muito boa.

21 de junho de 2006

A freguesa tem sempre razão

―――― → ← ――――

O VELHO HÁBITO DE LER JORNAIS LOGO CEDO no café-da-manhã, que cultivo desde menino, está se tornando cada vez mais penoso. No fim do ritual, ao dobrar os jornais e dar início a mais um dia de labuta, dá um desânimo danado — a terrível impressão de que o país e o mundo não deram certo, não têm mais jeito.

Na quinta-feira, 20 de julho, dia em que escrevo a coluna, as imagens de primeira página dos três principais jornais brasileiros (*Globo*, *Estadão* e *Folha*) são de assustar. Mostram um cogumelo de fumaça dos aviões israelenses bombardeando Beirute, tanques tomando posição na fronteira com o Líbano, um menino chorando ao lado de dois irmãos feridos no hospital de Sídon.

Entre cenas do enterro do ator Raul Cortez e notícias sobre o julgamento de jovens que praticaram crimes bárbaros por aqui mesmo, há um ou outro registro sobre os resultados do futebol e as últimas sobre a quadrilha dos parlamentares sanguessugas.

Meus amigos editores de primeiras páginas poderiam me perguntar, com razão: e o que você queria? Que a gente ignorasse esses fatos para publicar só fotografias bonitas e notícias alentadoras sobre a feliz passagem do homem pela terra?

Não, não chegaria a tanto, mas responderia com outra pergunta: será que nada de bom aconteceu ontem neste país de 180 milhões de habitantes espalhados por 8,5 milhões de quilômetros quadrados? Será que o mundo não foi capaz de produzir nas últimas 24 horas uma única história que permitisse ao leitor abrir um sorriso em vez de querer dar um tiro na cabeça?

Não se trata de fugir da realidade, mas de tentar descobrir outras realidades, lugares e personagens que também existem, mas estão fora da nossa mídia.

Nos telejornais da véspera, entre uma novela e outra, as desgraças eram mais ou menos as mesmas, assim como o noticiário da internet que agora realimenta o circo mundial de horrores *on-line* emendando um dia no outro sem dar uma trégua.

Deixo os jornais sobre a mesa, desligo o computador, ignoro a televisão e vou à rua, que hoje é dia de feira no bairro, para ver se encontro algum outro tema para a coluna que não seja essa desgraceira geral e ilimitada.

Caminhando entre as barracas e tentando ouvir o que as pessoas falam em meio ao alarido dos feirantes oferecendo seus produtos mais baratos para a madame, descubro logo que um cardápio não bate com o outro – o que está oferecido nos jornais não se encontra nas conversas. Fala-se de tudo, menos do novo conflito no Oriente Médio e dos seus mais de 300 mortos já contabilizados ou da última pesquisa eleitoral.

Na barraca da japonesa do pastel, moças e senhoras uniformizadas das lojas próximas aproveitam o intervalo do almoço para falar dos planos de fim de semana, da febre do filho, da filha que vai trabalhar em outra cidade, daquela freguesa chata que acabou com o seu bom humor hoje de manhã, do carro novo do marido da vizinha, do capítulo de ontem da novela das oito.

Claro que nada disso dá manchete em jornal, mas talvez as pessoas tenham vontade de ler alguma coisa mais próxima da sua realidade e que, se possível, possa tornar a vida um pouco melhor, com alguma esperança, ao menos.

Recolho os fragmentos de conversas e prossigo caminhando, tomando cuidado para não ser atropelado pelos carrinhos carregados de frutas e legumes, que agora passam mais acelerados na medida em que se aproxima o final da feira e os preços vão caindo. Vida que segue.

Como jornalista meio veterano, que já está indo para a prorrogação e detesta disputa por pênaltis, sinto-me um estranho no ninho nesta feira-livre de assuntos porque os temas que ocupam a minha cabeça e consomem boa parte do meu tempo não são os mesmos das pessoas que agora vão enchendo os restaurantes e os da freguesia que fica olhando as vitrines. Será que os pauteiros da nossa nobre imprensa estão se dando conta disso?

Outro dia participei aqui em São Paulo de um seminário sobre "Mídia e Sociedade" em que discutimos o futuro da nossa atividade. O passeio pela feira me fez pensar numa coisa terrível. Se não cuidarmos urgentemente de mudar nossas velhas cabeças e receitas, se não atentarmos para os desejos, os interesses e humores da freguesia, oferecendo produtos mais palatáveis aos novos gostos, sintonizando nossas pautas, perderemos nosso tempo pensando um futuro que não haverá mais.

Antes, desconfio, teremos que nos ocupar do que podemos mudar no presente, agora mesmo. Temas como o sobe e desce das pesquisas eleitorais, por exemplo, causam grande furor entre políticos e jornalistas, mas não ouvi um único comentário na feira sobre esse palpitante assunto.

Dou-me conta de que faltam apenas setenta e poucos dias para as eleições gerais, mas parece que elas vão acontecer em outro país no ano que vem. Porque, por aqui, não se vêem nem ouvem sinais de campanha fora da mídia, por mais que profissionais e veículos se empenhem em falar disso em suas mais nobres colunas.

Também não ouvi mais nenhum lamento ou palavrão sobre os responsáveis pelo fracasso do Brasil na Copa da Alemanha, tema ainda recorrente na imprensa, como se fosse possível mudar o resultado dos jogos que terminaram. Desconfio que estejamos falando línguas diferentes, nós e nossos leitores/ouvintes/telespectadores. Se não nos agrada a paisagem, não adianta xingar a janela nem os transeuntes.

O melhor a fazer é tratar de encontrar logo outros cenários e assuntos, e fazer como os sábios feirantes, para quem a freguesa tem sempre razão.

23 de junho de 2006

E se não ganhar?

―――――― ➤ ➤ ――――――

UM GRANDE PAINEL MONTADO NO PÁTIO da Escola Estadual Amélia Passos com cartazes feitos pelos alunos resume bem o clima que o país vive nestes dias de Copa do Mundo. Alguns exemplos:

"Brasil – espero que você ganhe. Brasil – nosso país" (Fernanda, Nara e Sulimar).

"O hexa já é nosso" (Camila).

"Brasil hexacampeão – Sempre vence, nunca perde" (Natalia, Bianca, Antonia).

A escola fica em Santa Cruz de Minas, a menor cidade do país, um enclave de apenas três quilômetros quadrados entre as cidades históricas de Tiradentes e São João del-Rey, a 180 quilômetros de Belo Horizonte. Dos seus 8 mil habitantes, 1.500 estudam na Amélia Passos.

Estive lá nos dias que antecederam o jogo contra o Japão. Como o resto do país, a cidade está toda colorida de verde e amarelo, a camisa da seleção virou uniforme de toda gente, não se fala de outro assunto a não ser futebol. Não lembro de ter visto nada parecido em nenhuma outra Copa do Mundo, mesmo quando o Brasil era apontado como franco favorito e tinha um belo time como agora.

Pelas estradas do interior de São Paulo e de Minas Gerais por onde passei na última semana, mesmo nas mais remotas áreas rurais, bandeiras brasileiras se confundiam nas casas e terreiros com as bandeirolas das festas juninas que habitualmente enfeitam o país nesta época do ano. Os bares vivem lotados de gente vendo televisão o dia inteiro, discutindo quem deve entrar ou sair do time, mesmo quando não há jogo do Brasil.

Ao sentir esse clima de festa permanente, capaz de contagiar até as almas mais céticas, veio-me a pergunta, inevitável: e se o Brasil não ganhar? O que escreverão em seus próximos cartazes os alunos da escola de Santa Cruz de Minas? Qual será a reação de quem deixou a vida meio de lado para acompanhar o trem da seleção na certeza da conquista de mais um título?

Os urubus de plantão, diante dessa crescente onda de ufanismo ludopédico-patriótico, correm para recolher exemplos do passado em que a alegria terminou em dor profunda. Lembram logo da tragédia de 1950, quando o Brasil deixou escapar o título para o Uruguai, em pleno Maracanã, e da derrota do timaço de Telê Santana, em 1982, caindo diante da Itália na Espanha, uma tristeza imortalizada na fotografia de Reginaldo Manente, aquela do menino sentado na arquibancada do Sarriá com cara de quem não podia acreditar no que aconteceu, na vitória que nos escapou.

Vim pensando nisso na interminável viagem de Santa Cruz até o aeroporto de Confins (nunca vi nome tão apropriado para um lugar), depois de atravessar um anel rodoviário em obras que dá àquela região de Belo Horizonte certo ar de Bagdá em dia de bombardeio. No desespero de correr todos ao mesmo tempo para chegar em casa ou a algum lugar onde fosse possível ver o jogo contra o Japão, que estava para começar, os mineiros enfrentaram um monumental congestionamento.

Meu companheiro de viagem, o veterano repórter fotográfico Hélio Campos Mello, que ia à direção, começou a falar das agruras que passou na cobertura da Guerra do Iraque, a primeira, sem saber quando nem aonde conseguiríamos chegar sãos e salvos. Lá, pelo menos, a sinalização era melhor, constatou logo.

Na confusão generalizada, amplificada ao som de cornetas e buzinas ensandecidas, ele chegou a dar marcha a ré num viaduto, quando os hinos nacionais já estavam tocando no rádio do carro, lembrando o som cheio de chiados da transmissão da Copa do Mundo da Suécia, quase meio século atrás. A essa altura, já não estava preocupado nem em ver o jogo, mas em não perder o vôo.

Acabamos assistindo ao segundo tempo do jogo no pátio de um posto de gasolina ao lado do aeroporto, o único lugar onde havia um aparelho de televisão nas redondezas. Um após o outro, os gols do Brasil eram festejados sem muito fanatismo, como se já fossem esperados, inevitáveis, cumprindo apenas nosso destino de ganhar sempre, como escreveram as meninas da Amélia Passos.

No horizonte, que também parecia em festa, com aquele sol bem vermelho se pondo no inverno mineiro, dava para ver os aviões pousando e decolando (menos os da Varig, infelizmente), rotineiramente, indiferentes ao belo futebol da seleção, o futebol brasileiro que finalmente entrou em campo contra o Japão. Daí me veio a idéia para o título desta coluna: e se não ganhar? Acho que não muda simplesmente nada, não acontece nada.

Ao contrário de 1950, quando disputava sua primeira final, o Brasil hoje já é pentacampeão mundial – um título a mais ou a menos não fará muita diferença –, e tem muitos outros motivos para se orgulhar. Com hexa ou sem hexa, o que vale é a festa, é a farra, é o abraço no torcedor desconhecido que está assistindo ao jogo do seu lado. O resto é papo de colunista sem assunto — e em época de Copa do Mundo eles proliferam como erva daninha em campos de morango.

***

Aos estudantes de jornalismo que me enviam alentados questionários sobre reportagens antigas para seus trabalhos de conclusão de curso, os populares TCC, e aos leitores em geral que me fazem perguntas sobre minha experiência de dois anos no governo do presidente Lula, peço que tenham um pouco de paciência.

Como se tornou impraticável responder individualmente a todas as mensagens que recebo, acabei de escrever um livro de memórias — *Do golpe ao Planalto* — *Uma vida de repórter* — que será lançado no próximo dia 14 de julho pela Companhia das Letras.

Nele falo sobre as minhas andanças, desde que comecei a trabalhar como repórter, em 1964, até o meu trabalho como secretário de imprensa nos dois primeiros anos do atual governo, e espero responder de uma vez só às perguntas que me são feitas.

15 de agosto de 2006

A lembrança de cada um

———— → ← ————

O LEITOR PODE FAZER ESSA EXPERIÊNCIA. Tente lembrar de algum fato acontecido dez, vinte anos atrás, ou mesmo na semana passada, e consulte seus amigos e parentes que presenciaram o mesmo episódio, para confrontar a versão de cada um. É bem provável que surgirão versões diferentes da mesma história, lembradas de um outro jeito, já que a memória não é uma ciência exata e está sempre sujeita aos achaques do tempo.

Tive certeza disso, se é que ainda havia alguma dúvida, quando conversei com velhos companheiros de redação do jornal *O Estado de S. Paulo*, onde comecei a trabalhar na grande imprensa, ao iniciar a pesquisa para meu livro de memórias recentemente lançado.

Durante o jantar na casa de um deles, o veteraníssimo Ludembergue Góes, saiu uma baita discussão e por pouco não saímos no tapa para provar que a nossa versão era a verdadeira, e os outros é que estavam ficando gagás.

A partir dessa experiência malsucedida, desisti de procurar meus contemporâneos das redações da vida e resolvi correr o risco de contar a minha própria versão da história – quem quiser que conte outra. Afinal, depois de passar a vida inteira escrevendo sobre a vida dos outros, agora era a vez de falar da minha, e seria de pouca serventia para o livro entrevistar outras pessoas para falar de episódios dos quais fui testemunha.

O dilema que se coloca para um trabalho desse tipo é ao mesmo tempo prosaico e dramático: quando se é jovem, a memória é boa, mas há poucas histórias para contar; quando se é mais velho, as histórias são muitas, mas a memória já não ajuda. Por isso, o primeiro título que apresentei ao editor — "Antes que eu me esqueça" —, prontamente rejeitado, já era uma espécie de alerta. Como acontece com os computadores da nossa velha terrinha, talvez fosse mais apropriado um título que falasse em "Vagas lembranças".

Embora tenha feito uma consulta prévia a alguns personagens citados em temas mais controversos, confesso que fiquei bastante receoso nos primeiros dias após o lançamento do livro com os inevitáveis "não foi bem assim" que eu iria ouvir. Já passadas três semanas, para minha surpresa, houve um único caso de queixa, que me foi encaminhada pelo Fernando Molica, hoje repórter da *TV Globo*.

Como havia combinado com meu dileto editor, Luiz Schwarcz, de fazer as retificações necessárias na edição seguinte sempre que surgissem versões diferentes das que escrevi, a primeira será essa referente a um episódio registrado na página 193 do livro. Para quem já comprou um exemplar da primeira edição, solicito considerar o texto abaixo em lugar do que foi publicado no segundo e terceiro parágrafos da citada página.

Um deles, Fernando Molica, então na Folha de S.Paulo, *apressou-se em passar à redação o comentário de Lula sobre Itamar. Seguiu-se uma discussão entre ele e outros jornalistas que acompanhavam a caravana, enquanto eu tentava lhe explicar que Lula não tivera a intenção de xingar o presidente da República, que aquilo fora apenas força de expressão.* Os dois já tinham até um encontro agendado em Brasília, após o término da viagem, em que o candidato entregaria a Itamar o Programa de Segurança Alimentar elaborado ao longo de dois anos por um grupo de mais de oitenta técnicos do Governo Paralelo, sob o comando do agrônomo e fazendeiro José Gomes da Silva, pai do assessor José Graziano.

No texto da matéria, Molica explica o contexto em que o palavrão foi dito, deixando claro que Lula não teve a intenção de ofender o presidente da República, mas nos títulos da chamada de primeira página e na matéria enviada a Folha destacou simplesmente "Lula xinga Itamar", fato que mereceu críticas do próprio ombudsman do jornal e mal-estar em Brasília. Por isso, Lula ficou preocupado em esclarecer logo o episódio. Queria entregar o mais rápido possível o projeto a Itamar por achar que o povo encontrado ao longo da viagem não poderia esperar o governo seguinte para ver implantado um programa de combate à fome.

Outro amigo, o Góes, que foi meu chefe no *Estadão*, descobriu que errei o andar em que ficava a redação do jornal — era no 5º e não no 4º, como escrevi. A redação da *Folha*, onde trabalhei depois, é que ficava no 4º andar. Carlinhos Brickmann, colega de várias redações, observou outra mancada em sua coluna no *Observatório da Imprensa*. George Duque Estrada é o brilhante editor gráfico perseguido pela ditadura a quem me refiro no livro, e não Osório, que, como se sabe, virou nome de rua depois de compor o Hino Nacional.

Como esses, devem ainda aparecer outros casos de memória traída pelo tempo. À medida que os for descobrindo, graças à ajuda de amigos com melhor memória do que a minha, vou fazendo as correções. O problema é que livro não é como jornal, que você pode corrigir no dia seguinte. Tenho que esperar a próxima edição — e espero que ainda saiam muitas — para corrigir as outras falhas do texto original.

O que me consola é que isso também acontece com os melhores escrevedores da praça. Certa vez, fui ao lançamento do livro de um deles, muito meu amigo, que durante um debate promovido antes dos autógrafos falou com detalhes de um encontro que tivemos em Xapuri na cobertura do julgamento dos assassinos de Chico Mendes. O único problema, confidenciei-lhe depois, é que eu nunca fui a Xapuri na vida. Mas o episódio do encontro já estava registrado no livro.

O amigo deve ter me confundido com outro careca, nada grave. Ou vai ver que ele gostaria sinceramente de nos termos encontrado lá. Acho que todos nós temos uma memória afetiva em que guardamos algumas lembranças, boas ou ruins, independentemente daquilo que é arquivado pelo cérebro.

Seja como for, prometo não escrever nenhum outro livro de memórias. É sofrido, dá muito trabalho, um monte de amigo fica de fora e, depois que a gente termina de escrever, começa a lembrar todo dia de mil outras histórias que não estão no livro. Para autores já com certo tempo de estrada, talvez seja melhor escrever apenas sobre o futuro — quem sabe, com menos chances de errar...

21 de setembro de 2006

Dura vida de passageiro

——— → ← ———

ACABO DE CHEGAR DE MAIS UMA VIAGEM, o corpo me dói todo, sinto-me moído. Os joelhos estão em frangalhos. Não que os use para escrever, mas não consigo pensar em outra coisa. Já adiei a coluna de um dia para o outro, botei gelo, tomei remédios variados, e nada de melhora. Então, vai assim mesmo. Espero que os editores e os leitores relevem o mau jeito. Quem vive de escrever não pode escolher dia nem perder muito tempo escolhendo assunto.

Acho que estava desacostumado. Depois de passar a vida toda viajando como repórter em busca de histórias para contar — razão da longevidade do meu casamento, segundo minha mulher —, passei quase um ano todo trabalhando em casa. Ninguém agüentava mais me ver com o imutável figurino camiseta-bermuda-chinelo.

Já tinha lido alguma coisa nos jornais, mas não imaginava a tortura em que se transformou viajar de avião depois da degringolada da Varig. Imaginava que fosse coisa de alguns dias, até que as outras companhias se adaptassem à nova situação, mas está cada vez pior. Parece até que o número de passageiros aumentou enquanto o de aviões diminuiu.

Fora atrasos, cancelamentos e outros transtornos que viraram rotina, tenho a impressão de que agora estão colocando mais bancos nos aviões e espremendo ainda mais os passageiros, de tal forma que se tornou mais confortável viajar de ônibus – não fosse o país tão grande, até que seria uma boa idéia. Haja joelho...

Nas últimas semanas, a vida me levou, como diria Zeca Pagodinho, para uma dúzia de cidades (Florianópolis, Rio, Brasília, Curitiba, Ponta Grossa, Natal, Belém, Manaus, Porto Velho, Rio Branco e Santos, pela ordem), cruzando todas as regiões do país para fazer palestras e participar de debates.

Reencontrei velhos amigos por toda parte (valeu, Mario Prata, Lúcio Flávio Pinto, Afonso Borges, Heloísa Neves, Élson Martins, Mario Milani, Fred Perillo, entre tantos), cruzei com os mesmos problemas de sempre e acabei me surpreendendo com algumas belezas novas.

No final da romaria, mais quebrado do que arroz de terceira e já misturando estação, desembarquei em Rio Branco, mas pensei que estava de novo em Curitiba, tão bonita e ajeitada que está a pequena capital do Acre. Tinha acabado de chegar de Porto Velho. O contraste é chocante, foi como se estivesse chegando a outro país.

Fiquei pensando como podem duas cidades na mesma região, com histórias e populações parecidas, em torno de 300 mil habitantes, crescer tão diferentes. Em muitas famílias, lembrei, isso também acontece com filhos que receberam a mesma educação e tomaram rumos opostos na vida. Deve ser coisa do destino.

Em breve passeio por Rio Branco guiado pelo amigo Jorge Viana, que está completando oito anos no governo do Estado, depois de quatro à frente da prefeitura da Capital, descobri um lugar do Brasil em que tudo é bem cuidado, limpo, arborizado. O trânsito é mais intenso nas ciclovias do que nas ruas, novos parques foram plantados em áreas antes deterioradas e velhos prédios públicos, restaurados.

Jorge se empolga ao falar das novidades como se estivesse mostrando a própria casa às visitas depois de fazer uma grande reforma. Aonde ele chega é recebido com alegria, as pessoas parecem felizes em estar ali, tão longe do Brasil das nossas metrópoles, tão perto da floresta sobrevivente.

Em Rio Branco ainda se vive e se anda sem maiores sobressaltos nem congestionamentos, ao contrário do que reparei nas outras cidades. Os congestionamentos intermináveis já não constituem privilégio de paulista. Estão por toda parte. Se no espaço tem pouco avião para muito passageiro, aqui no chão tem carro demais para poucas ruas.

Por isso fiquei feliz ao ver passar um bonde – sim, um bonde de verdade – no centro velho de Santos, uma beleza de lugar, e não perdi a chance de matar a saudade. Pelo menos aqui daria para esticar as pernas, pensei. Mas a alegria durou pouco. Logo após a partida, o bonde importado da Escócia em 1911 e restaurado recentemente empacou. O motorneiro e o cobrador desceram para tomar uma providência – e custaram a voltar.

Ao contrário do que acontecia antigamente, não havia animais na pista. Havia um carro parado bem em cima dos trilhos sob uma enorme placa de proibido estacionar. Ao perceber o transtorno que estava causando, o gentil proprietário do veículo apareceu e, em vez de pedir desculpas, deu uma solene "banana" para os passageiros do bonde que o vaiaram. É o progresso...

21 de novembro de 2006

Velhos órfãos do ouro

——— ⇥ ⇤ ———

Quinta-feira, 16 de novembro, sul do Pará. Sol forte de meio-dia, casas fechadas, mormaço de encharcar os forasteiros.

Quase não se vê ninguém nas ruas de terra vermelha dessa estranha vila de 6 mil habitantes, perdida no meio da selva amazônica, onde não tem nem praça da matriz e ainda não se erradicou a hanseníase, mas já chegou a Aids.

Em frente aos barracos de madeira, alguns deles ainda cobertos com plástico preto ou palha de açaí, como nos tempos pioneiros, mulheres dão de mamar, fazem tricô, a maioria não faz nada, apenas observa os jovens indo ou voltando da escola.

Homens mais velhos jogam dominó ou dormem em bancos de madeira na frente de lojas fechadas há tempos – são os velhos órfãos do ouro de Serra Pelada, que já foi o maior garimpo a céu aberto do mundo, ainda hoje sonhando com a volta da fortuna, à espera de um milagre.

Faz vinte anos que o ouro acabou, o garimpo fechou, mas alguns resolveram ficar. Corre a lenda de que, bem abaixo de onde eles pararam de cavar, há uma laje de ouro e, depois dela, diamantes...

A primeira vez que entrei ali foi em 1980, logo depois que a notícia sobre a descoberta do ouro correu o país e, em semanas, atraiu para lá dezenas de milhares de garimpeiros.

Consegui chegar num monomotor pilotado por um angolano que não conhecia a selva e se perdeu no caminho. Socorrido pelo rádio por um outro piloto, avistou um pequeno clarão na mata e embicou para descer bem aonde algumas pessoas caminhavam.

Pela primeira vez, ouvi um avião buzinar, mas ninguém saiu da frente, e o piloto teve que arremeter, quase batendo num morrote.

Chegaram a ser mais de cem mil os garimpeiros que precisavam atravessar 40 quilômetros de floresta a pé em busca de um buraco para cavar.

Em pleno regime militar, a área foi considerada de segurança nacional e nomearam seu interventor o major Curió, nome de guerra de Sebastião Rodrigues de Moura, que havia combatido a guerrilha do Araguaia, logo ali ao lado.

O garimpo parecia um quartel. Eram proibidas armas, bebidas e mulheres. Ninguém entrava nem saía sem passar por revista pelos homens do major Curió. Tinha cerimônia de hasteamento da Bandeira Nacional todos os dias, de manhã e à tarde, todo mundo cantando o hino.

Voltaria àquele lugar ainda muitas outras vezes. Em 1984, quando escrevi uma longa série de reportagens para a *Folha de S.Paulo*, transformada pela editora Brasiliense no livro *Serra Pelada – Uma ferida aberta na selva* (1984), já se falava que o governo iria fechar o garimpo, atendendo a uma antiga reivindicação da Companhia Vale do Rio Doce, detentora dos direitos sobre a lavra – uma pendenga jurídica que sobrevive até hoje.

Na semana passada, fui convidado a voltar a Serra Pelada pelo jovem diretor de cinema Vitor Lopes, que está rodando um documentário longa-metragem sobre os homens que fizeram a história do garimpo.

"É um filme em que o material de arquivo não será dominante, dialogando sempre com as experiências de alguns dos principais envolvidos e relatos de ex-garimpeiros e suas vivências", explica Lopes, que nasceu em Moçambique e viveu três anos na África do Sul antes de vir para o Rio, ainda adolescente.

Serra Pelada já serviu de cenário para documentaristas das principais redes de televisão da Europa e dos Estados Unidos, mas até onde sei é a primeira vez que a história será contada em cinema por uma produção brasileira. Foram quatro anos de pesquisas. A primeira versão do projeto foi premiada no concurso Documenta do canal GNT, ainda em 2002.

A idéia do diretor era que eu caminhasse pela antiga área do garimpo — um imenso lago cercado por um favelão foi o que restou no lugar do morro cavoucado pelos garimpeiros —, lembrando como era a vida nesse lugar no auge da corrida ao ouro.

Lembrar como? À parte o tempo decorrido, lá se vai um quarto de século, a paisagem aqui mudava a cada dia, pois os garimpeiros iam avançando por onde dava em busca nem que fosse de um pouco de pó de ouro encontrado ao peneirar a terra acumulada na beira dos caminhos.

Queria voltar à rua principal do garimpo onde desci de avião na primeira vez. Lá ficavam o barracão da Caixa Econômica Federal, que comprava todo o ouro, a delegacia da Polícia Federal, os alto-falantes do sistema de som e o mastro da bandeira onde os garimpeiros se reuniam para cantar o hino e ouvir as ordens do major Curió. Numa roda de veteranos garimpeiros, pedi ajuda a um velho de chapéu grande, que abriu um sorriso de velho amigo.

— Não está lembrado de mim? Eu que levei você no primeiro dia que veio aqui. Fomos lá na Serrinha, te mostrei o garimpo todo... Eu que fui teu guia aqui, não lembra?

Não lembrava, claro, mas fiquei sabendo. Era Lázaro José de Resende, beirando os 70 anos, já aposentado, mas ainda esperando a reabertura do garimpo. A esperança dele e dos outros 45 mil associados das várias cooperativas que ainda brigam na Justiça para voltar a trabalhar em Serra Pelada é que o presidente Lula faça como o general João Figueiredo, ex-colega de SNI e amigo de Curió, que um dia foi lá de helicóptero para garantir aos garimpeiros que poderiam continuar trabalhando.

A ditadura já estava nos seus estertores, os militares foram embora, já tivemos cinco eleições diretas de presidentes civis, mas por lá se continua acreditando que só o governo pode resolver tudo, transformar miséria em ouro.

Lázaro está lá de teimoso, porque sabe que a fase do trabalho manual acabou e agora Serra Pelada só poderá se tornar economicamente viável se o garimpo for mecanizado. Para isso, é preciso que os garimpeiros conquistem de fato o direito de lavra para poder negociar a associação com alguma empresa mineradora disposta a fazer um pesado investimento de capital.

Enquanto isso não acontece, e nem chega a indenização que eles também reivindicam na Justiça, outro pioneiro que encontrei por acaso em frente a um boteco continua acreditando mais nos próprios braços.

José Mariano dos Santos, o Índio, hoje com 56 anos, ficou famoso no começo da história ao se tornar um dos primeiros "bamburrados". Assim eram chamados os que pegavam "ouro grande" e ficavam ricos da noite para o dia, ao contrário dos "blefados", a imensa maioria, que mal ganhavam para comer.

Índio já colocou as mãos em mais de 40 quilos de ouro e se casou treze vezes desde então, perdeu tudo, e agora está apaixonado por Raimunda Maria da Conceição Silva, policial militar reformada, dez anos mais velha do que ele, com quem vive num barraco bem humilde, de onde terá que sair antes da próxima chuva.

É que o velho garimpeiro começou a cavar bem ao lado de onde mora, e o buraco já está tão grande que ameaça engolir a moradia. Vai lá dentro e pega um tubo pequeno para mostrar o que resta de sua fortuna: 7 gramas de ouro.

Na hora em que as rádios começam a tocar a Ave-maria, o movimento aumenta nos becos e nos botecos onde os que restaram do antigo garimpo se encontram para, como em todos os finais do dia, lembrar os velhos bons tempos e sonhar com os novos, que nunca chegam.

É hora de pegar a estrada de volta para Marabá, a principal cidade da região, pouco mais de duas horas de viagem. Ao volante do seu carro bem conservado, Raimundo da Cruz, o Pelé, que já fez esse trajeto umas mil vezes, canta junto com o Raul Seixas que toca no aparelho de CD, feliz da vida pela decisão que tomou quando ainda era um jovem recém-casado.

O maranhense Pelé chegou ao Pará para trabalhar na construção da hidrelétrica de Tucuruí. Lá ficou sabendo da descoberta e veio correndo. Foi um dos primeiros a entrar em Serra Pelada, depois de dois dias de caminhada. Saiu dois anos depois como entrou – sem nada – e com a firme determinação de nunca mais arriscar a vida num garimpo.

Contratado pela produção do filme *Serra Pelada* (título provisório) para transportar a equipe, Pelé acabou virando um dos bons personagens desse documentário que vai apresentar um painel histórico da região – desde a Guerrilha do Araguaia, passando pelos conflitos fundiários que culminaram com o massacre de Eldorado dos Carajás, há dez anos, às lutas pelos direitos dos ex-garimpeiros, que se arrastam até hoje.

No pé da serra, bem no entroncamento onde acaba a estrada de 35 quilômetros de terra e começa a de asfalto que liga Marabá a Carajás, agora tem uma cidade. Era ali que os garimpeiros faziam sua primeira parada ao deixar a "área militar" de Serra Pelada em busca dos troféus que com o ouro conquistavam – cachaça, churrasco e mulher, não necessariamente nessa ordem.

Nome da cidade que surgiu no lugar: Curionópolis. Nome do prefeito eleito em 2000 e reeleito em 2004: Sebastião Curió Rodrigues de Moura (PFL), o próprio.

Por uma dessas coincidências da vida, ao chegar de volta ao hotel em Marabá, o único jornal que encontro na recepção é o *Regional*, editado em Parauapebas, cidade próxima que surgiu nas mesmas circunstâncias de Curionópolis, junto à entrada da Serra dos Carajás, a grande reserva de minério de ferro da Vale do Rio Doce.

Manchete do jornal: "Garimpo de Serra Pelada pode voltar a funcionar". A matéria informa que, segundo o presidente da Cooperativa Mista dos Garimpeiros, Valdemar Pereira Falcão, no próximo dia 11 de dezembro os garimpeiros irão receber a Concessão de Lavra da província de Serra Pelada. Seria o primeiro passo para a sonhada mecanização do garimpo.

Na mesma capa de jornal, outro título anuncia: "Ministério Público pede afastamento de Curió". Na chamada, fica-se sabendo que "prefeito de Curionópolis e seu secretário de Finanças estão sendo acusados de desviar quase 277 mil reais provenientes do Fundef, além de outras irregularidades".

Vou dormir pensando como nessa redução do Brasil real tanta coisa mudou e ao mesmo tempo tanta coisa continuou igual nestes anos todos — a não ser a floresta, que nunca mais parou de ser devastada, e foi ficando cada vez mais longe dos olhos de quem se aventura por estas bandas amazônicas em busca de riquezas, histórias ou apenas da simples sobrevivência.

Quando a ocupação da Amazônia se acelerou a partir dos anos 1970, no embalo da célebre frase do general Garrastazu Médici — "Vamos levar os homens sem terra para a terra sem homens" —, a região ainda despertava muitos sonhos e fantasias. Serra Pelada é apenas o exemplo mais dramático, mais fotogênico, talvez, tanto na fartura como na miséria dessa grande aventura humana.

Três décadas depois, levaram embora as madeiras nobres da floresta e em seu lugar deixaram pastos plebeus, ocupados por um gado ralo e magro, enquanto centenas de milhares de homens sem terra continuam rodando o país em busca de um pedaço de chão para viver — ou morrer.

Não percam o filme-documentário de Vitor Lopes. Por mais que pareça ficção, acreditem: aconteceu, continua acontecendo.

18 de dezembro de 2006

Se...

———— → ← ————

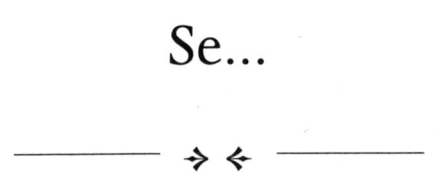

SE AO SAIR COM O NOSSO CARRO A CADA MANHÃ deixássemos de ver nos outros motoristas um inimigo a ser abatido e nos perguntássemos para que mesmo estamos correndo tanto...

... se ao ouvir o drama de um amigo ou parente desempregado abríssemos a agenda para, de alguma forma, tentar ajudá-lo na busca de um trabalho, em lugar de apenas nos juntar a ele nas queixas contra o governo, o mundo e o destino...

... se a gente fosse capaz de prestar mais atenção e dar valor ao sorriso inocente de uma criança em vez de perder tanto tempo lendo jornais e abrindo a internet...

... se os meus amigos do governo deixassem de se preocupar tanto em criticar a imprensa, e os meus colegas de imprensa deixassem de se comportar como se fossem os eleitos de um contrapoder...

... se as pessoas se preocupassem menos em ganhar prestígio, dinheiro e poder e mais em cuidar bem de seus amores e amizades, a começar por elas próprias...

... se fôssemos capazes de tratar subordinados como superiores e vice-versa...

... se um dia nos déssemos conta de que fazer cara feia não resolve nada e falar mais alto para mostrar que estamos com a razão é apenas ridículo...

... se deixássemos de ver um gesto de solidariedade como coisa de trouxa e fôssemos capazes de achar até bom quando alguém nos chama de bobos, e não de safados...

... se nós, repórteres e colunistas, nos preocupássemos menos com as futricas da política dos gabinetes oficiais e dos castelos das celebridades e saíssemos mais às ruas para ver o que está acontecendo na vida real das pessoas comuns que habitam as nossas cidades...

... se falar "bom dia", dizer "obrigado" e pedir "por favor" não fosse mais considerado perda de tempo de gente muito antiga...

... se nos desse mais prazer elogiar do que criticar o trabalho dos outros...

... se os administradores das nossas cidades tivessem por elas a mesma paixão e zelo daqueles que fizeram de Rio Branco, no Acre, um dos melhores lugares do país, onde dá prazer andar pelas ruas, flanando sem medo...

... se nós, que vivemos de contar histórias, descobríssemos que a arte de ver e ouvir antecede a de falar e escrever...

... se os eleitos para fazer oposição dedicassem um pouco do seu tempo a pensar em soluções e projetos viáveis para o país em vez de se preocupar apenas em detonar o governo de plantão...

... se os Jim Jones da imprensa brasileira deixassem de se comunicar com o mundo sem sair das suas salas com ar condicionado e por apenas alguns dias viajassem pelo país em vez de embarcar em mais um vôo internacional...

... se os ex em geral fossem cuidar da vida em vez de ficar azucrinando a de quem partiu ou ficou em seu lugar...

... se todo mundo se preocupasse menos com o que os outros pensam e fazem e dedicasse todo seu tempo e esforço a cuidar do próprio rabo...

... quem sabe, talvez, a gente pudesse mesmo fazer aos leitores deste *NoMínimo* os melhores votos para 2007 com um único desejo: divirtam-se!

2007

18 de janeiro de 2007

Por São Paulo, com carinho

———— ⇢ ⇠ ————

Quanto mais viajo, e no ano passado dei várias voltas pelo Brasil, maior é a sensação de felicidade ao retornar a minha cidade. Por isso, fico triste quando as pessoas falam mal dela.

Pode parecer esquisito fazer essa declaração de amor exatamente no momento em que São Paulo ainda está consternada com o desabamento e as mortes nas obras do metrô em Pinheiros, bairro onde morei boa parte da vida.

Vai ver que é por isso mesmo. É nessas horas difíceis, como se fosse uma pessoa querida, com tantos dramas e transtornos causados pela tragédia, que São Paulo mais precisa do carinho dos filhos, os que aqui nasceram ou para cá vieram em busca de uma vida melhor.

Blasfemar não resolve, só faz mal para nós mesmos.

Como não acredito que sejamos mais de dez milhões de masoquistas os que neste canto do mundo vivemos, onde ninguém é obrigado a ficar, todos ganhariam se dedicassem parte de seu tempo a pensar no que cada um poderia fazer para tornar a convivência por aqui mais agradável e menos insegura, em vez de ficar xingando o destino e caçando culpados pela desgraça.

A começar por nós mesmos, repórteres. Só na caudalosa cobertura do pós-tragédia ficaríamos sabendo que:

- há vários meses, moradores de imóveis ao longo de todas as dez estações da Linha Amarela estavam assustados com rachaduras e trincas provocadas pelas obras do metrô;
- dias antes do desabamento, já havia sinais de sérios problemas na estação Pinheiros, e ninguém da vizinhança nem do governo foi alertado do perigo pelas empreiteiras responsáveis.

Assim como o PCC já existia havia muito tempo, mas só ganhou as manchetes quando a bandidagem botou fogo na cidade no ano passado, os problemas com a obra da Linha Amarela do Metrô apenas despertaram a atenção da imprensa quando a estação Pinheiros implodiu na última sexta-feira, tragando sete vítimas.

Se andasse mais pelas ruas e pelos becos e ouvisse mais gente fora dos gabinetes, lá onde moram seus leitores, certamente algum repórter poderia ter descoberto antes o que estava acontecendo nas obras do metrô ou nos presídios paulistas.

Quantas outras armadilhas estarão espalhadas pela cidade neste momento e nós não estamos sabendo porque a imprensa foi cada vez mais se afastando da realidade do nosso dia-a-dia?

Como hoje se costuma fazer reportagem sem sair da redação, por telefone ou pela internet, com jornalistas mais empenhados em cobrir as futricas da eterna disputa político-partidária do que os acontecimentos da vida real, acabamos sendo tão surpreendidos quanto os bombeiros quando soa o alarme.

Depois, não adianta encher os jornais de editoriais e artigos indignados. No tempo devido, caberá à Justiça, consultados os peritos especializados no assunto e as provas técnicas produzidas, denunciar os responsáveis pelo desabamento – não a nós, jornalistas, engenheiros de obras (mal) feitas.

De uns tempos para cá, desenvolvemos esse péssimo hábito de denunciar, julgar e condenar, assumindo ao mesmo tempo o papel de delegados, juízes e promotores, para o qual ninguém nos nomeou.

Tem dia que morre mais gente no trânsito maluco do que as vítimas da obra do metrô, e nem por isso a cidade não presta, nem vamos sair pelas ruas tentando fazer justiça com as próprias mãos, caçando os motoristas assassinos que andam à solta por aí.

Poderia eu também estar passando junto à obra quando a cratera se abriu, pois por ali transitava freqüentemente. Por quase trinta anos, morei bem em frente ao local do desabamento, do outro lado do rio Pinheiros, no Butantã.

A barulheira das obras, com explosões freqüentes precedidas do aviso da sirene, começou pouco antes de eu me mudar de lá, em 2005, mas não adiantou muito porque outra estação do metrô está sendo construída na rua onde moro agora. Parece perseguição, mas nem por isso vou renegar a cidade.

Embora não lembre de alguma vez ter usado o metrô em São Paulo (prefiro andar a pé ou de táxi), trata-se de uma obra importantíssima, vital para a cidade, que já vem com décadas de atraso. Além disso, sempre ouço falar que o nosso metrô é um dos melhores do mundo, com baixo índice de acidentes.

É muito fácil sair por aí batendo nos governantes passados e presentes, empreiteiras e engenheiros, mas entendo que somos – ou deveríamos ser – todos responsáveis por tudo de bom ou de ruim que acontece nesta cidade, pela nossa ação ou omissão, até porque somos nós que escolhemos os prefeitos e governadores, que por sua vez contratam as empreiteiras encarregadas das obras.

Mas o que se pode esperar de uma população em que a maioria, segundo as pesquisas, nem sabe o nome do prefeito da sua cidade? Está certo que o atual prefeito era apenas o vice do atual governador, mas Gilberto Kassab já está no cargo desde meados do ano passado.

Quem lá vai lembrar do nome do vereador em quem votou nas últimas eleições? Quantos de nós alguma vez participamos de algum movimento em defesa da nossa rua ou do nosso bairro, já nem falo da cidade? Ou já fizemos algum trabalho voluntário, qualquer um, para melhorar a vida dos mais necessitados de ajuda?

No final dos anos 1960, na véspera de mais um aniversário de São Paulo, o editor local do *Estadão*, que estava com falta de matérias para fechar as suas muitas páginas no feriado, me encomendou uma crônica sobre a cidade.

"Amo essa cidade com todo ódio", foi o título que perpetrei, sem perceber que estava apenas repetindo um sentimento até hoje dominante de boa parte de seus moradores. Coisa besta de quem mal tinha completado 20 anos, e ainda achava que jornalista era feito para chocar a burguesia e arrancar aplausos dos colegas.

Nesta semana que antecede a festa de seus 453 anos, São Paulo mereceria não apenas carinho, mas também um pouco mais de respeito de todos nós, tanto por sua belíssima história, que no último século a transformou numa das principais metrópoles do mundo, como também porque é aqui, afinal, de um jeito ou de outro, que continuarão vivendo nossos filhos e netos.

Precisamos acabar com essa paranóia de achar, a cada seis meses, a cada acidente de maiores proporções, enchente ou nova explosão de violência, que o mundo acabou. A vida continua.

Apesar de tudo, parabéns, São Paulo. Tenho muito orgulho de ser o primeiro paulistano de uma família que veio da Europa, ter nascido na Pro Matre, maternidade próxima à emblemática avenida Paulista, e, ainda por cima, ser são-paulino, atualmente morador do Jardim Paulista.

Já fui assaltado e atropelado, já perdi boa parte da vida em congestionamentos, já morei na Alemanha, em Curitiba e Brasília, já rodei esses anos todos o Brasil e o mundo, mas meu sonho de uns tempos para cá é ficar por aqui mesmo, de preferência em casa com a família, que não pára de crescer, como a cidade, e agora só tem paulistanos.

Vista da minha janela, a cidade é linda, mesmo em dia de chuva e com helicópteros pairando bem em cima do meu prédio, me azucrinando a tarde toda. É a minha cidade.

Só me resta amar São Paulo, sem ódio.

15 de fevereiro de 2007

Prometo não falar...

———— ⇾ ⇽ ————

... NOS PREPARATIVOS PARA O CARNAVAL, na situação das estradas e no próximo caos anunciado nos aeroportos nacionais, nem na guerra entre milícias, traficantes e policiais nas favelas cariocas, muito menos na queda dos juros, na oscilação do dólar, no lucro dos bancos, nas camisas do Dunga, na zona que virou o Parque São Jorge...

... em todas as últimas cenas de horror e barbárie, na viúva do milionário da sena e seus seguranças suspeitos, no destino londrino da Miss Brasil que perdeu voluntariamente o contato com a família, na última matéria do Larry Rother sobre qualquer coisa que saiu no *New York Times*...

... das chuvas dos finais de tarde, dos sóis das manhãs, dos ventos e das marés de sempre; das garças que reapareceram na lagoa e de bichos e plantas em geral; das enchentes do sul e das secas sertanejas; das nossas rodovias esburacadas e dos ossos da Dana de Teffé, que são exclusividade do mestre Cony; dos leitores/comentaristas histéricos de blogueiros idem, que já ameaçam pegar em armas; ou dos mortos do dia no Iraque; das tragédias cotidianas universais...

... para desgosto e inveja do Xico Vargas, também não

falarei da belíssima viagem no "navio do Roberto Carlos", onde só não encontrei milionários, que costumam navegar em seus próprios barcos, como se sabe...

... no Clodovil, no Collor, no Maluf e outros notáveis, que agora fazem a festa da cobertura política em Brasília, nem nas discussões sobre o PAC ou aquela encruada escalação ministerial do segundo governo Lula...

... na reforma política (e nas outras todas) ou na disputa entre parlamentares e capas pretas para ver quem ganha mais do que nós...

... no comovente esforço dos robustos colunistas "formadores de opinião" para que os tucanos possam enfim vencer sua crise existencial, com as sugestões que gratuitamente lhes fornecem todos os dias, nem na auto-flagelação dos petistas, sempre em busca da próxima crise...

... nas "rigorosas investigações" sobre os responsáveis pela cratera do metrô e nos chiliques do prefeito paulistano; na silenciosa disputa entre Aécio e Serra para ver quem conquista mais apoio na mídia para ser o candidato tucano em 2010...

... nas madames que não recolhem o cocô dos seus cachorros nas calçadas e soltam mais palavrão no trânsito do que motorista de caminhão, ameaçando atropelar o primeiro transeunte que cruzar na sua frente, mesmo que este esteja na faixa de pedestres...

... do bar que fechou, do restaurante que abriu, do meu time que ganhou de novo, da falta de assunto que assola tantos cronistas nestes dias de calor, do filme que você não pode deixar de ver e das científicas análises de todos os especialistas "ólogos" e até "ógrafos" (sempre os mesmos) ouvidos pela nossa imprensa sobre qualquer assunto, geralmente para esculhambar o governo em bases científicas...

... das últimas batatadas do ex-blog do ex-César Maia ou da doença do eterno Fidel, nessa tal revolução bolivariana do

Chávez, nas novas velhas mudanças que Sílvio Santos ameaça fazer na programação do SBT ou no novo nome que escolheram para o velho PFL de sempre...

... qualquer coisa sobre o *Big Brother* ou as peripécias dos "bispos" endinheirados aqui e lá fora, muito menos a próxima viagem que o papa fará ao Brasil, ou o atraso das obras do Pan e as emocionantes eleições na Câmara dos Deputados...

... no cachorro que morreu, nos gatinhos que nasceram, nas últimas descobertas e graças das netinhas, ou no barulho insuportável dos helicópteros e britadeiras das vizinhanças...

Que me sobrou, então, para falar? Quer saber, caro leitor? Melhor não falar nada mesmo.

Diante de tudo o que está acontecendo, das grandes barbaridades e das pequenas infâmias, das tantas sandices que leio todos os dias, deixe cada um falar e pensar o que bem quiser. Vou guardar com muito cuidado minhas palavras para quando puder falar só de amor...

21 de março de 2007

Por um dia sem Lula

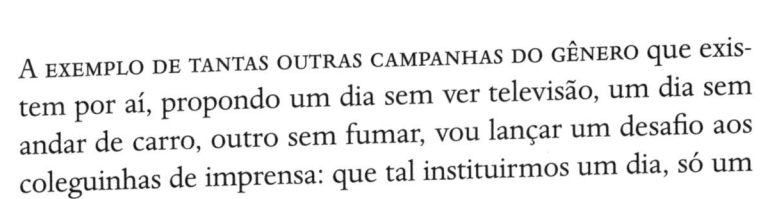

A EXEMPLO DE TANTAS OUTRAS CAMPANHAS DO GÊNERO que existem por aí, propondo um dia sem ver televisão, um dia sem andar de carro, outro sem fumar, vou lançar um desafio aos coleguinhas de imprensa: que tal instituirmos um dia, só um dia, sem Lula no noticiário?

Temo apenas que, se essa campanha der certo, muitas páginas saiam em branco ou até mesmo que jornais deixem de ir para as bancas. Talvez alguns blogs saiam temporariamente do ar. Vai ser divertido ver os coleguinhas colunistas quebrando a cabeça para tratar de outros personagens e assuntos.

Como ainda vou passar mais algumas semanas de molho, sem poder sair de casa, em conseqüência de um acidente doméstico besta (e tem algum que não seja besta?) que me deixou com vários ossos quebrados e quase deu perda total, passei a ver a vida pelo filtro do noticiário que me é oferecido pela mídia *delivery*. Que vida mais chata!

Dia sim, outro também, entra semana, sai semana, lá está o velho Lula nas manchetes, em quase todas as editorias e colunas, até nas de esporte, como se tudo girasse em torno dele, dependesse dele, fosse culpa ou mérito dele. Está certo que o meu amigo presidente também alimenta essa obsessão dos coleguinhas da imprensa ao transformar cada assunto de governo numa interminável novela, da pane no tráfego aéreo à reforma ministerial.

Alguém já procurou ouvir a nossa freguesia para constatar se ela está mesmo tão interessada em saber quem irá ou deixará de ir para o ministério, quantos cargos cabem a este ou àquele partido, quem gostou ou não da nomeação de fulano, o que o presidente falou ou deixou de falar em mais um evento no Palácio do Planalto ou na última viagem a Caixa Prego do Sul?

Nem mesmo quando ele tira uns dias de folga o noticiário dá uma folga. Você pega o jornal, liga o rádio ou a TV, lá está o onipresente Lula, onde quer que ele esteja, qualquer que seja a pauta ou o assunto do dia. O problema não é nem se falam bem ou mal dele. O meu problema é que me colocaram numa cadeira de rodas e sair de casa é complicado. Então, estou cercado. Nas ruas, nas viagens, você pelo menos ouve falar de outras coisas, há personagens mais variados, novas histórias, sei lá, rende mais assunto para escrever a coluna.

O pior é que quando vem gente em casa ainda sou obrigado a ouvir sempre as inevitáveis perguntas: "E o Lula, como está? Tem falado com ele? O que você está achando desse novo ministério?" Eu não tenho que achar nada, aliás, nem estou procurando... Engraçado é que nas poucas vezes em que conversamos por telefone raramente falamos de política ou de governo, porque há outras coisas na vida bem mais interessantes para conversar, mas ninguém acredita.

Se a minha proposta não for bem-sucedida, e sei que não será fácil a empreitada, só me restará propor ao próprio presidente, para o bem dele, que faça uma greve verbal de 24 horas e passe um dia inteiro sem falar nada. Não vai mudar muita coisa no destino do país e do mundo.

Difícil vai ser convencer os chamados "interlocutores do presidente", as "fontes próximas", "amigos que estiveram com ele" e todos os anônimos porta-vozes de Lula que desfilam diariamente pelos jornais a silenciarem também. Porque, quando ele por acaso não fala, sempre tem alguém querendo "interpretar o que ele gostaria de ter dito". Em *off*, claro. Aí que mora o perigo, mas esse não é problema meu.

Há esperança. Já tinha terminado de escrever a coluna quando fui almoçar e resolvi dar uma olhada no meu horóscopo desta quinta-feira, 21 de março. Abri o *Estadão* e encontrei lá, no signo de Peixes, na coluna do Quiroga:

"Há coisas que as pessoas se convencem de ser impossíveis, mas na verdade são apenas improváveis porque difíceis de acontecer. Você, de alma pisciana, precisa se familiarizar com tudo que parece impossível, mas que é improvável apenas".

Quem sabe não dá certo? Só falta marcar o dia...

18 de abril de 2007

O batismo do frade voador

———— → ← ————

Eu tenho cada amigo... Um deles, dos melhores e mais antigos, é o Carlos Alberto Libânio Christo, sexagenário frade dominicano, um senhor de cabelos grisalhos e fala mansa, solteiro, sem filhos, que conheci ainda quase moço em São Bernardo do Campo, no final dos anos 1970.

Nós dois fomos parar lá por diferentes motivos, mas que acabaram por nos levar a trilhar caminhos comuns pelo resto da vida. A chamada República de São Bernardo havia se transformado no principal centro de resistência ao regime militar, que então já vivia nos seus estertores.

Ele era da Pastoral Operária do ABC, recém-chegado de uma temporada na favela de Vitória, no Espírito Santo, depois de passar quatro anos na cadeia como preso político. Eu, recém-retornado de uma breve vilegiatura como correspondente do *Jornal do Brasil* em Bonn, na antiga Alemanha Ocidental, estava lá como repórter da revista *IstoÉ*, escalado pelo Mino Carta para cobrir o movimento sindical dos metalúrgicos liderado por certo Luiz Inácio da Silva, o Lula. Poucos meses antes, um amigo tinha me enviado para a Alemanha o *Cartas da prisão*, primeiro livro de frei Betto, e foi assim que fiquei sabendo da sua existência.

Fomos ficando amigos em longas conversas na casa de Lula, e mais tarde no salão paroquial da Igreja Matriz, onde colaborávamos com o Fundo de Greve criado para ajudar os metalúrgicos quando o sindicato ficou sob intervenção e os líderes sindicais foram presos. Era um tempo em que as mesmas pessoas se encontravam quase todo dia nas mais diferentes atividades organizadas por variados movimentos – contra a carestia e a política econômica do governo militar, em defesa da Anistia e da Constituinte, pela volta dos exilados políticos, mil coisas.

Foi por essa época que ajudamos a criar os Grupos de Oração, que existem até hoje, com ramificações no Rio e em Minas, única atividade nossa em que não havia objetivo definido, nem propostas e estatutos, ficha de filiação, nada – o que talvez explique sua sobrevivência. Rezar e meditar era apenas o mote para reunir pessoas com distintas experiências espirituais, profissionais e políticas para pensar sobre a vida e o sentido dela, além de fazer muita festa, que ninguém é de ferro.

A essa altura, Betto já era um notório teólogo da Libertação e tínhamos vários amigos em comum, tanto na imprensa, onde ele já havia trabalhado, como na Igreja, então comandada por um dos nossos heróis da resistência, D. Paulo Evaristo Arns. Era conhecido entre os amigos como "frade voador", porque não parava mais de viajar para fazer palestras pelo Brasil e pelo mundo afora.

Estava sempre em trânsito. Para sacanear o frade, a gente perguntava: sabe qual é a diferença entre Jesus Cristo e o Betto? É que Jesus está em todo lugar e o Betto já esteve lá... Entre uma viagem e outra, escrevia novos livros sem parar, o que motivou outra brincadeira. Sabe o que o Betto faz quando quer ler um bom livro? Escreve mais um...

Mas por que mesmo resolvi falar do frei Betto justo agora?

Ah, sim, lembrei: estréia finalmente nesta semana, nos melhores cinemas, a versão filmada de *Batismo de sangue*, baseada no livro de Betto e dirigida com a maior competência e fidelidade por Helvécio Ratton, apresentando atuações memoráveis de Caio Blat, Cássio Gabus Mendes, Daniel de Oliveira e Ângelo Antonio (nosso colega de um dos Grupos de Oração do Rio), entre outros.

Fui à pré-estréia do filme em São Paulo junto com frei Betto e frei Osvaldo, outro personagem dessa história protagonizada por um grupo de dominicanos que colaborou com a Aliança Nacional Libertadora, de Carlos Mariguella, e conheceu de perto o inferno da repressão política do regime militar que terceirizou a tortura, entregue aos cuidados de um facinoroso delegado do Dops chamado Sergio Paranhos Fleury.

Osvaldo e Betto foram os únicos que escaparam da tortura. Jantando depois do filme no velho Gigetto, que já foi reduto de revolucionários boêmios e vice-versa, quase quarenta anos após a invasão do convento dos dominicanos pela polícia, os dois pareciam ex-colegas de escola ou veteranos de guerra tentando lembrar fatos que marcaram sua vida.

Por sorte do destino, Osvaldo foi estudar em Paris pouco antes de a casa cair. Betto só não entrou no pau-de-arara como os outros porque, quando foi preso no Rio Grande do Sul, onde ajudava perseguidos políticos a atravessar a fronteira, Marighella já havia morrido em São Paulo numa emboscada armada por Fleury. Além disso, para desgosto do delegado, Betto tinha um tio que era militar influente e o protegeu da tortura.

O filme é uma porrada para quem viveu aqueles tempos e gostaria de não relembrá-los, como eu. Uma coisa é saber das atrocidades praticadas nos porões da ditadura; outra, bem diferente, é ver as cenas filmadas por Ratton com extremo realismo. Há até quem o ache violento demais, como já andei lendo na imprensa. Mas penso que não haveria como rodá-lo de outro modo para retratar a história como ela realmente aconteceu.

Para os mais jovens, que só têm uma vaga idéia do que foram aquelas duas décadas de ditadura militar no Brasil, *Batismo de sangue* é mais do que um filme de época: é um libelo para que essa história nunca mais se repita. Dizem os mais velhos que só se dá valor à liberdade depois que se a perde. Pois, então, esse filme serve também para que os brasileiros de todas as gerações celebrem a cada dia a liberdade duramente conquistada. Por mais sonhadores que fôssemos quando ficamos amigos em São Bernardo do Campo, ninguém poderia imaginar que três décadas depois nos reencontraríamos em Brasília, trabalhando com nosso velho amigo, agora presidente, no Palácio do Planalto.

Apesar de tudo, sobrevivemos, e se hoje somos livres como nunca fomos antes, temos mais é que não deixar que essa história seja esquecida. Pena que frei Tito, o personagem central do filme, vivido por Caio Blat, não esteja mais entre nós para saber que seu sofrimento não foi em vão, ao contrário do que ele pensava quando se matou.

Cena que abre e fecha o filme, o suicídio de Tito é emblemático de um período da nossa história em que o idealismo muitas vezes convivia perigosamente com a ingenuidade, e a vida acabou cedendo à morte o poder de nos libertar dos nossos fantasmas.

Para nunca mais acontecer de novo, espero.

24 de abril de 2007

Breves dias de cadeirante

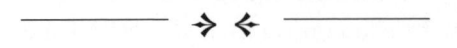

———— → ← ————

SEI QUE A PALAVRA É FEIA, mas é a que temos para definir quem anda numa cadeira de rodas, quer dizer, quem não pode andar com as próprias pernas. No começo de março, sem aviso prévio, virei mais um cadeirante.

Numa fração de segundos, a tampa de uma caixa de bomba de piscina cedeu, eu caí sobre os canos, quebrei vários ossos e desmaiei de dor. Quase deu perda total. Quando acordei, já tinha um monte de gente em volta palpitando sobre o que fariam comigo para me tirar do buraco e, sem forças para reagir, entalado que estava, fui ficando cada vez mais assustado.

Por sorte, como sempre acontece nessas horas, alguém assumiu o comando das operações e determinou que se chamasse o resgate dos bombeiros. Hora do almoço na praia, calor infernal, os minutos que os bombeiros demoraram para chegar pareciam intermináveis horas. A partir daí, tudo correu muito rápido. A maluca da minha mulher acabou chegando com o carro dela antes do caminhão do resgate que me levou embora.

Quando fui ver, já estava no pronto-socorro do hospital público de São Sebastião, cercado de gente atropelada, baleada, esfaqueada. Minhas dores até diminuíram ao ver o sofrimento dos outros. Os médicos e enfermeiras que me atenderam pareciam ter percebi isso. A todo momento, vinham me pedir desculpas ou para ter mais um pouco de paciência, porque chegava outro caso de urgência, mais um ferido em estado pior do que o meu.

Não carregava nenhum documento, mas também ninguém pediu. Em resumo: algumas fraturas no pé esquerdo, três costelas quebradas, escoriações generalizadas, como o escrivão registrava nos antigos boletins de ocorrência. Mesmo assim, fui andando até o carro, levando a receita de remédios para aliviar as dores. No dia seguinte, já em São Paulo, os médicos de um hospital particular repetiram os mesmos exames e fizeram os mesmos diagnósticos.

Saí de lá com uma bota ortopédica e a recomendação de passar pelo menos um mês numa cadeira de rodas – por causa das costelas quebradas, não era recomendável usar muletas, quer dizer, era impossível. Já perdi as contas de quantas vezes me quebrei na vida, já passei por mais de dez cirurgias, mas nunca tinha chegado a esse ponto.

Minha mulher, a fantástica Mara, que deve ter mais horas de hospital do que muita enfermeira-chefe, tratou logo de alugar uma cadeira básica a módicos 30 reais por semana, e meia hora depois lá estava eu encadeirado, olhando para os outros de baixo para cima, achando tudo muito estranho. No começo, você se conforma – "até que dei sorte, poderia ter sido pior..." –, mas depois de uns três dias, o neocadeirante já começa a ficar impaciente.

Como não conseguia movimentar a cadeira sozinho por causa da dor nas costas, precisava a toda hora chamar alguém e, como moramos só nós dois em casa, esse alguém era sempre a Mara. Por pior que seja a situação, a gente acaba sempre se adaptando a uma nova rotina. Se ela precisava sair para cuidar da vida, me deixava num café que tem em frente ao nosso prédio, aonde costumo ir sempre e sou amigo de todo mundo, com a recomendação de que cuidassem bem de mim e me devolvessem na portaria. Sempre tinha algum solícito lá para me levar até o apartamento. O pior de tudo é ficar sempre dependendo dos outros para ir e vir.

Nas festas, é importante ficar atento logo na chegada para ver onde está a turma mais legal, porque sempre há o risco de te estacionarem numa roda de chatos. O ruim é ter que contar mil vezes o que foi que aconteceu e ouvir mil vezes relatos de histórias semelhantes que aconteceram com algum amigo ou parente.

Mas quando há um prazo marcado para devolver a cadeira e voltar a andar com as próprias pernas, vai-se levando. Passei a dar mais valor a amigos como o Marcelo Rubens Paiva, sempre de bom humor e cheio de planos, sem reclamar da vida, mesmo sabendo que a cadeira dele é para sempre. No dia em que devolvi a cadeira, passei a dar mais valor também ao simples ato de poder caminhar.

16 de maio de 2007

Tudo é uma questão de tempo

———— ❧ ❧ ————

Só assim mesmo para dar um tempo nas correrias da vida, pensei ao me ver de uma hora para outra numa cadeira de rodas. Foram quase dois intermináveis meses que mudaram minha noção de tempo e espaço, de prioridade, de sentido mesmo da vida. Já que não tinha outro jeito, o melhor a fazer era aproveitar bem o tempo durante essa parada forçada.

O simples ato de sair de casa torna-se um transtorno, você depende dos outros para tudo, aonde chega tem que explicar o que aconteceu e ficar ouvindo: "Você tem que ter paciência!" É verdade que, com essa parafernália de mídias eletrônicas, ser obrigado a ficar em casa já não é sinônimo de ficar fora do mundo. Ao contrário, pois a gente ganha mais tempo para "zapear" pelos milhões de canais e *sites* à disposição e garimpar *on-line* tudo o que está acontecendo pelo planeta.

Após os primeiros dias de estranhamento com a nova situação, não fazer absolutamente nada também pode ser muito bom, porque ninguém agüenta ficar o dia todo lendo livros, jornais, revistas, bulas de remédio e *e-mails* ou com os olhos passeando pelas telas. Mas também cansa, o corpo chega a ficar doído de não fazer nada. Para quem não está acostumado, ficar sozinho consigo mesmo, sem nenhum compromisso imediato, é meio esquisito, chega a ser desconfortável. A gente passa a vida reclamando do excesso de compromissos, mas quando não se tem nenhum, só nos resta ficar pensando na vida.

A cada manhã, olhando para as folhas em branco da agenda, comecei a virar as páginas para trás e então me dei conta de quanta coisa chata, desinteressante, muito besta mesmo tinha ocupado boa parte do meu tempo neste ano. Será que existe alguém no mundo que só preenche a agenda com compromissos plenamente satisfatórios e prazerosos ou seremos todos escravos das demandas que os outros nos fazem?

Apenas de dois anos para cá, quando pela primeira vez na vida comecei a trabalhar por conta própria, é que me vi na obrigação de ter uma agenda para não esquecer os compromissos assumidos e fazer um planejamento para cumpri-los. Antes, nos meus mais de quarenta anos de empregado, com registro em carteira, crachá e vaga no estacionamento, não precisava de nada disso.

Era só levantar da cama de manhã e cumprir automaticamente a rotina da redação. Lá, os chefes sempre se encarregariam de me arrumar alguma coisa para fazer e assim os dias se passavam sem precisar pensar muito na vida, só esperando o dinheiro do salário pingar na conta no fim do mês.

Sem chefe e sem patrão, estava agora também sem poder viajar para fazer reportagens e palestras, minhas principais ocupações de autônomo. De repente dono de todo o meu tempo, constatei que não sou uma boa companhia para mim mesmo. Sem ter ninguém para me dar ordens ou broncas, um superior de quem eu pudesse divergir, nenhum desafio imediato pela frente, obrigado a eu mesmo cuidar de preencher minhas horas, me vi perdido no espaço e comecei a ficar preocupado com a queda nos rendimentos.

Por isso, vocês não podem imaginar a imensa alegria que dá poder voltar a andar com as próprias pernas e fazer tudo o que não podia antes, sem ter que prestar contas a ninguém. Quase dei um beijo no médico quando ele me deu alta. Até brinquei com minha mulher no primeiro dia em que saí de casa, sem precisar da sua ajuda para empurrar a cadeira, quando ela me perguntou aonde eu iria: "Não te interessa, vou aonde eu quiser!"

O melhor de tudo nessa volta às ruas é que você passa a dar outro valor ao tempo e a esse banal, mecânico, impensado hábito de caminhar. Mudou a minha agenda. Aprendi a dizer não quando me convidam para fazer algo que não quero, passei a ser mais seletivo com os "compromissos obrigatórios" e a inverter as prioridades. Agora, decido aonde, quando e com quem quero ir.

Engraçado como eu quase nunca tinha tempo para fazer coisas de que tenho vontade e sempre me achava na obrigação de ir a assembléias, reuniões, seminários, simpósios, estréias, lançamentos, conferências e efemérides em geral, aquelas coisas chatas aonde "você tem que ir", que acabam consumindo teu calendário sem pedir licença.

Não perco mais aniversário nem missa de sétimo dia de amigo meu porque sei que lá vou encontrar outros amigos; vou agora a todos os reencontros das minhas várias turmas antigas das escolas ou das redações por onde passei, e sou dos mais assíduos avôs na saída da escolinha das minhas netas.

Agora, perco – ou ganho? – meu tempo com outras coisas. Gasto meu tempo fazendo descobertas na estante de livros de culinária em livrarias novas que nem conhecia, tomo mais um café depois do almoço com os amigos, ouço com mais atenção o que os outros têm a me dizer, paro para conversar com os porteiros, os frentistas, o dono da banca de jornal, o tiozinho que toma conta dos carros ou simplesmente caminhando de bobeira pelo bairro sem ter aonde ir. Aprendi a perguntar "como vai?" aos vizinhos, em vez de só responder sobre mim mesmo. Quem eu pensava que era?

Se antes achava ruim quando os amigos me ligavam para jogar conversa fora porque pensava que todos estavam roubando meu tempo, agora sou eu que ligo para eles e ainda dou esporro quando acho que estão trabalhando demais, deixando de viver melhor. Só não consegui ainda criar coragem para pegar um cineminha à tarde no meio da semana. E se alguém me vir e contar ao papa? Mas já me arrisco a ver, de vez em quando, um futebolzinho de campeonato europeu nas tardes de quarta-feira. Se quiserem me chamar de vagabundo, não tem problema.

Claro que não desejo isso a ninguém, mas às vezes é bom tomar uma porrada para se dar conta de que, se bobear, o tempo e a vontade dos outros mandam na gente em vez de a gente ser o dono do próprio tempo e da nossa vontade. Ainda bem que descobri isso enquanto ainda tenho algum tempo pela frente, embora bem menos do que o já passado. Se tudo é uma questão de tempo, melhor aproveitá-lo logo, da melhor forma possível, enquanto é tempo.

24 de junho de 2007

Até qualquer hora

———— ⇾ ⇽ ————

Pois é, como eu ia dizendo, se não houver nenhum fato novo, está na hora de ir-me embora. O aviso prévio que todos recebemos do *NoMínimo* vence agora no final do mês, e esta deve ser minha última coluna. O leitor, eu não sei, mas estou triste, vou sentir muita falta.

 Nessa primeira experiência de escrever para um *site* na internet, já havia me acostumado com nossos encontros – primeiro quinzenais, depois semanais e, por último, mensais. Escrever a coluna passou a fazer parte da minha vida, como ir à missa, tomar café na esquina, visitar a sogra, encontrar os amigos no bar, pegar as netas na escola, essas pequenas grandes coisas todas que, juntando, costuram nosso dia-a-dia.

 Comecei aqui faz trinta meses, logo que deixei o cargo de secretário de imprensa da Presidência da República e voltei de Brasília para São Paulo. Foi o primeiro convite de trabalho que recebi, ainda quando trabalhava no governo. Não tinha idéia do que me esperava. Na primeira semana, tomei um susto com a quantidade de leitores comentando o que escrevi e, mais ainda, com a virulência dos esculachos, justamente por ter trabalhado no governo.

Nos jornais, revistas e emissoras de televisão onde trabalhei antes, eram raros os telefonemas, cartas ou fax que recebia naqueles tempos em que ainda não existia a internet. Na maioria das vezes, eram pessoas elogiando algum trabalho ou sugerindo outras pautas. Estava mal acostumado, mas foi bom. Aprendi que quem escreve o que quer tem que ler o que não quer – algo a que nós jornalistas não estávamos muito habituados. Nunca tinha sido tão criticado, nem na minha casa...

Nesse meio tempo, escândalos se sucederam em todas as latitudes, mas o auge da radicalização política passou; o presidente Lula foi reeleito com folga; a violência fugiu de controle; meu time foi campeão várias vezes (brasileiro, sul-americano e mundial) e de uma hora para outra entrou em decadência; nasceram Isabel e André para fazer companhia a Laura, a neta mais velha que passei a curtir depois que voltei a morar em São Paulo; o aquecimento global virou ameaça de verdade; a oposição hibernou; a Quinca, minha gata, morreu de velhice; tanta coisa aconteceu.

Por isso, nunca me faltou assunto. Ainda tinha tanta coisa para falar, mas o tempo está se esgotando, fazer o quê? É a segunda vez que me acontece isso em mais de quarenta anos de estrada na imprensa: ter que parar de uma hora para outra um trabalho que me dava muito prazer. A primeira foi há muito tempo, em 1980. Ao voltar de férias, fiquei sabendo pela minha mãe que o jornal onde trabalhava, o *Jornal da República*, não estava mais chegando às bancas.

A história guarda muitas semelhanças com esta agonia do *NoMínimo*, porque o breve *JR* também tinha um time de primeira (Mino Carta, Cláudio Abramo, Clóvis Rossi, Nirlando Beirão, Roberto Pompeu de Toledo, Paulo Markun, Antonio Carlos Fon, entre muitos outros craques) e também ficou órfão de anunciantes que garantissem sua sobrevivência, apesar do sucesso de crítica e público.

Ainda espero que algum homem de grande visão empresarial e/ou publicitária tenha a boa idéia de bancar o patrocínio do *NoMínimo* para assim manter a brava equipe de colunistas no mesmo sítio, literalmente. Caso contrário, peço aos leitores que souberem de alguma vaga para cronista de assuntos menores do cotidiano a gentileza de se lembrarem de mim.

Para quem gosta de reportagens, informo que estou participando do projeto da *Brasileiros*, a nova revista mensal que irá para as bancas no dia 28 de junho com o propósito de contar as histórias de personagens e lugares do país que não estão na grande mídia.

Antes de me despedir, gostaria de partilhar com os leitores um texto de autor anônimo que foi distribuído no nosso retiro dos Grupos de Oração, em São Lourenço, Minas Gerais. O título é "Desapego". Tem tudo a ver com este momento que estamos vivendo.

Vivemos uma época de celebridades, apelos fáceis à riqueza, ao consumismo, às paixões avassaladoras. Transitamos aturdidos por um mundo em que o destaque vai para aquele que mais tem.

E a todo instante os comerciais de televisão, os anúncios nas revistas e jornais, os outdoors *clamam: "Compre mais. Ostente mais. Tenha mais e melhores coisas".*

É um mundo em que luxo, beleza física, ostentação e vaidade ganharam tal espaço que dominam os julgamentos.

Mede-se a importância das pessoas pela qualidade de seus sapatos, roupas e bolsas.

Dá-se mais atenção ao que possui a casa mais requintada ou situada nos bairros mais famosos e ricos.

Carros bons somente os que têm mais acessórios e impressionam por serem belos, caros e novos. Sempre muito novos.

Adolescentes não desejam repetir roupas e desprezam produtos que não sejam de grife.

Mulheres compram todas as novidades em cosméticos. Homens se regozijam com os ternos caríssimos das vitrines.

Tornamo-nos, enfim, escravos dos objetos. Objetos do desejo que dominam nosso imaginário, que impregnam nossa vida, que consomem nossos recursos monetários.

E como reagimos? Será que estamos fazendo algo – na prática – para combater esse estado de coisas?

No entanto, está nos desejos a grande fonte da nossa tragédia humana. Se superarmos a vontade de ter coisas, já caminhamos muitos passos na estrada do progresso moral.

Experimente olhar as vitrines de um shopping. Olhe bem para os sapatos, roupas, jóias, chocolates, bolsas, enfeites, perfumes.

Por um momento apenas, não se deixe seduzir. Tente ver tudo isso apenas como são: objetos. E diga para si mesmo: "não tenho isso, mas ainda assim eu sou feliz. Não dependo de nada disso para estar contente".

Lembre-se: é por desejar tais coisas, sem poder tê-las, que muitos optam pelo crime. Apossam-se de coisas que não são suas, seduzidos pelo brilho passageiro das coisas materiais.

Deixam atrás de si frustração, infelicidade. Revolta.

Mas há também os que se fixam em pessoas. Vêem os outros como algo a ser possuído, guardado, trancado, não compartilhado.

Esses se escravizam aos parceiros, filhos, amigos e parentes. Exigem exclusividade, geram crises e conflitos.

Manifestam, a toda hora, possessividade e insegurança. Extravasam egoísmo e não permitem ao outro se expressar ou ser amado por outras pessoas.

É, mais uma vez, o desejo norteando a vida, reduzindo as pessoas a tiranos, enfeando as almas.

Há, por fim, os que se deixam apegar doentiamente às situações.

Um cargo, um status, *uma profissão, um relacionamento, um talento que traz destaque. É o suficiente para se deixarem arrastar pelo transitório.*

Esses amam o brilho, o aplauso ou o que consideram fama, poder, glória.

Para eles, é difícil despedir-se desse momento em que deixam de ser pessoas comuns e passam a ser notados, comentados, invejados.

Qual o segredo de libertar-se de tudo isso? A palavra é desapego. Mas...

Como alcançá-lo nesse mundo?

Pela lembrança constante de que todas as coisas são passageiras nessa vida.

Ou seja: para evitar o sofrimento, a receita é a superação dos desejos.

Na prática, funciona assim: pense que as situações passam, os objetos quebram, as roupas e sapatos se gastam.

Até mesmo as pessoas passam, pois elas viajam, se separam de nós, morrem...

E devemos estar preparados para essas eventualidades. É a dinâmica da vida.

Pensando dessa forma, aos poucos a criatura promove uma auto-educação que a ensina a buscar sempre o melhor, mas sem gerar qualquer apelo egoísta.

Ou seja, amar sem exigir nada em troca.

Obras publicadas pelo autor

→ ←

A greve do ABC, Caraguatá, 1980

O massacre dos posseiros, Brasiliense, 1981; Editions Syros (França), 1983

Serra Pelada – Uma ferida aberta na selva, Brasiliense, 1984

Explode um novo Brasil – Diário da campanha das Diretas, Brasiliense, 1984

Brasil nunca mais (vários autores), Vozes, 1985

Essa escola chamada vida (com Paulo Freire e Frei Betto), Ática, 1986; Kösel (Alemanha), 1986

Deixa comigo – Uma aventura em Serra Pelada, Brasiliense, 1986

A prática da reportagem, Ática, 1987

Sem medo de ser feliz – A campanha de Lula (vários autores), Scritta, 1990

Cuba, que linda es Cuba, Brasiliense, 1990

A aventura da reportagem (com Gilberto Dimenstein), Summus, 1990

20 textos que fizeram história (vários autores), Folha de S.Paulo, 1991

Nas asas do destino, Ática, 1992

Cartas do Brasil, Globo, 1992

Diário de viagem ao Brasil esquecido (vários autores), Scritta, 1993

Viagem ao coração do Brasil (vários autores), Scritta, 1994

Repórteres (vários autores), Senac São Paulo, 1998

Coitadinhos e malandrões, Casa Amarela, 1999

Do golpe ao Planalto – Uma vida de repórter, Companhia das Letras, 2006

Este livro foi composto em Dante MT Std e impresso
pela Ediouro Gráfica sobre papel Polén Soft 80g
para a Ediouro em novembro de 2007.